阪神タイガースは なんで優勝でけへんのや?

喜瀬雅則

光文社新書

阪神タイガースはなんで優勝でけへんのや？／目次

目次・章扉・図版デザイン／椚田祥仁

凡例

阪神の初出選手名の後の括弧内は、高校卒業時の出身都道府県、最終所属、ドラフトによる入団年度と指名順位を表す。なお、ドラフト制度が始まる１９６５年より前の選手の場合やトレード等の場合は、単に「入団」「移籍」と表記する。また（　）内の「現」は２０２３年３月現在。

序章　歴史――人生も記者生活も、思い出は阪神タイガースとともに

私がまだ小学生だった頃だから、１９７０年代後半、昭和なら50年代のことになる。我が家のテレビの上には、細長い箱が載っけられていた。その「チューナー」がなければＵＨＦ局の電波を受信できず、番組を見ることができなかったのだ。

午後６時になると、そのダイヤルをぐるぐると回す。白黒の波がしばらく続いた後、画面には、甲子園球場の遠景が映し出される。

物心ついた時から、プロ野球中継といえば「サンテレビ」の阪神戦だった。プレーボールから、試合終了までやってくれる。

当時は衛星放送もなければ、地上波のサブチャンネルも、もちろんＤＡＺＮもない。

「サンテレビ」以外の地上波各局だと、阪神戦中継が午後9時前に終わることがある。試合も佳境。阪神のチャンスの時に限って、ぶちっと試合中継が終了する。慌てて、ラジオのスイッチを入れる。

そのたびに必ず、テレビに向かって、怒りの突っ込みを入れる。

「サンテレビやったら、最後までやってくれるのに、何やめとんねん」

翌日の学校で、阪神ファンの友達同士でボヤくのだって、きっと関西だけなのだろう。

私の阪神ファン歴は、もう半世紀近い。

江《え》本《もと》孟《たけ》紀《のり》（高知／熊谷組／76年移籍）の「エモボール」の写真を見て、その握りで何度も投げたのだが、ボールはストンと落ちなかった。

小《こ》林《ばやし》繁《しげる》（鳥取／全大丸／79年移籍）が、両肘で帽子のつばを挟んで、きゅっと曲げる。振りかぶった両手が胸元へ下り、そこから両腕が前後に開くのに合わせて右足がぐっと曲がると、小林の体が下がり、動きが一瞬止まる。

あの独特のサイドスローを、何度も真似したものだった。

掛《かけ》布《ふ》雅《まさ》之《ゆき》（千葉／習志野高／73年6位）が、バットを投手側に回しながら、パンツの両足付け根部分を、まず右、そして左とつまむ。

続いて、内側に絞り込むようにしながら両膝を少し曲げ、構えに入る。

１９７８年オフ、田淵《たぶち》幸一《こういち》（東京／法大／68年１位）、古沢《ふるさわ》憲司《けんじ》（愛媛／新居浜東《にいはまひがし》高中退／64年入団）とのトレードで、真弓《まゆみ》明信《あきのぶ》（福岡／電電九州〈現ＮＴＴ西日本〉）や若菜《わかな》嘉晴《よしはる》（福岡／柳川商〈現柳川高〉）らとともにやってきた竹之内《たけのうち》雅史《まさし》（神奈川／日本通運）の打撃フォームは、実にユニークだった。

右打者の竹之内は、投手に対するとき、左足を思い切りオープンに開く。バットの先は右肩の後方に下がり、グリップは目の高さまで上がっている。

投球モーションに合わせ、左足を本塁側へ踏み込んでいくその「マサカリ打法」は必然的に、死球も増える。

竹之内の通算１６６死球は、２０２２年シーズン終了時でも、１９６の清原《きよはら》和博《かずひろ》に次ぐ歴代２位、ちなみに３位は鉄人・衣笠《きぬがさ》祥雄《さちお》だ。

左は掛布打法、右は竹之内打法で、しょっちゅう草野球の打席に入った。

守備位置につけば、掛布のごとく、右手でグラウンドの土をはき、その土のついた指先で一度、右腰をこすった後、人差し指と中指を舌で舐めるのも真似た。

なんか、じゃりっとする。甲子園の土はええ味なんかな? と本気で思った。

クラスにいる、ちょっと体の大きい同級生のあだ名は決まって「バース」(米国・83年入団)だし、街でちょっと太った外国人を見かけたら「あ、バースがおる」

初めて体験した阪神の優勝は、あの1985年のことだった。

ちょうど大学浪人中。受験勉強のお供は、阪神戦を実況中継するラジオだった。

西武との日本シリーズ初戦は、模擬試験の時間と丸かぶりだった。

ポケット版のラジオを胸ポケットに入れ、利《き》き腕と逆の左手にイヤホンをはわせ、試合の実況を聞きながら試験に臨んだ。

カンニング疑惑をかけられても、仕方のない格好だ。恐らく、試験監督の先生も気づいていたはずだ。でもなぜか、全く咎《とが》められなかった。

試合は、8回にバースが3ラン、先発の池田《いけだ》親興《ちかふさ》(宮崎/日産自動車/83年2位)が6安打完封。

「池田、完封や」

隣の友人に知らせたのだが、そのささやきが届くはずのない私から離れた席の受験生も、机の下でガッツポーズしているのが見えた。

大学時代にアルバイトをしたのは、デイリースポーツの編集局だった。他紙も含め、毎日のように、すべてのスポーツ紙をむさぼり読んだ。

憧れたのは『江夏の21球』の著者、山際淳司《やまぎわじゅんじ》氏だった。

１９７９年の日本シリーズ第７戦。広島の１点リードで迎えた９回裏、守護神・江夏豊《えなつゆたか》（大阪／大阪学院高／66年第１次１位）が近鉄に無死満塁にまで詰め寄られる。

そこから佐々木恭介《ささききょうすけ》を三振、石渡茂《いしわたしげる》のスクイズを外して三塁走者・藤瀬史朗《ふじせしろう》がタッチアウトになり、最後は石渡が三振でゲームセット。広島が日本一に輝いた。

１球ごとに動く試合状況と、選手たちの心理状態を克明に描いた筆致に衝撃を受けた。スポーツ・ノンフィクションの嚆矢《こうし》とも言うべき山際氏は、ＮＨＫのスポーツキャスターも務めていた。そのマルチな活躍ぶりに、勝手に自分の未来図を重ね合わせていた。

「俺は、この人になる」

どこから湧いてきたのか分からない、根拠のない自信。若さゆえとお笑いください。

大学在学時は、まだバブル経済の真っ只中。就職活動中、自宅には大手銀行や商社に勤めた先輩たちから何度となく、電話が入ったものだった。

「はい、よろしくお願いします」と言えば、入社できたのかもしれない。

しかし、その名だたる大企業には見向きもせず（?）産経新聞社へ。サンケイスポーツ編集局への配属希望も、最初から叶えられた。

父が阪神の元監督・安藤《あんどう》統男《もとお》（統夫＝※登録名は統男）氏（茨城／慶大／62年入団）と親しい関係にあった。

私がサンケイスポーツに配属されることを聞いた安藤氏が「俺の名前があれば、何かと役立つかもしれんからな」と、入社の際の「保証人」になってくれた。

書類に直筆の署名を入れ、実印も押してくれて「いろいろあるやろけど、頑張れよ」

だから私にとって、野球界に関わっている限り、この世界では安藤氏が〝親代わり〟なのだ。サンスポに配属された途端、編集局長に「安藤とどういう関係や?」と尋ねられた。

先に明かしておくが、これが第7章の〝伏線〟である。


スポーツ紙の阪神担当、通称「トラ番」

関西版の1面は、決まって阪神。2面も3面も当然、裏面まで展開する日がある。

キャンプも、オープン戦も、ペナントレースも、シーズンオフも、常に〝3枚〟は阪神のページだ。勝っても負けても、試合がなくても、阪神のことを書くのだ。

「おい、野球の記者やからって、野球のことを書けるなんて思うなよ。お前らに求めているのは、カネ、女、揉めごとや」

入社6年目、初めてトラ番になった時、取材キャップから忠告されたことを忘れない。

負けている試合で、1面になるような話題がないケースはしょっちゅうのことだ。こんな時、会社への原稿打ち合わせの電話が、なんとも億劫《おっくう》になる。

試合の報告をしたところで、全く食いつきもしてくれなければ、締め切り時間が近づいているせいか、逆切れに近い剣幕で怒鳴られることも多々だ。

「そんなん、おもろないな。誰か、監督と揉めてへんのか？　文句言うてへんのか？」

そんなこと、しょっちゅう起こるわけがない。それでも、書かなきゃいけない。

なぜかしら、1面のどでかい見出しだけが、先に決まっていることがある。

「こうやろ？」「いや、そんなことは……」「いや、アイツならこう言うはずや」

まだ〝ひよっこ記者時代〟だった。デスクの強引な捻じ曲げぶりを押しとどめられるような力は、全く持ち合わせていない。

突っぱねられないどころか、つい「そういう……ニュアンス……ですかね……」

送った原稿の段落の頭には、知らぬ間に「だが」「しかし」と挿入されている。

見出しに合うように、内容がなんとも都合よく（？）変換されてしまうのだ。

自分の与《あずか》り知らぬところで、書いた原稿の意図が変わっている。そんな見出しが躍った日には、決まってコーチや選手にベンチ裏へと呼ばれる。

「あれ、なんや？」「なんで、あんなこと書くんや」「お前がやったんか？」

言った、言わない。これで阪神の選手たちは、次第に口数が少なくなる。

そこに生じた摩擦と行き違い。これが、多くの悲劇を生んできた。

今回、取材に応じてくれた「阪神ドラフト１位」の選手たちの述懐《じゅっかい》を聞き、当時の葛藤が鮮明に蘇り、改めて心が痛んだ。

取材する側としての「反省と後悔」も、今回の執筆動機の一つである。

今回の企画は、ひょんなところから生まれた。

２０２１年12月に出版した前著『オリックスはなぜ優勝できたのか』の編集担当・三宅貴久は、熱心なヤクルトファンだ。

打ち合わせと称した野球談議は、近い将来、オリックスと阪神の「関西決戦」が実現するのか否か、という話へと進んでいった。

ちなみに『オリックス～』の前に出版した『ホークス３軍はなぜ成功したのか？』は２０２０年４月出版。その年、ソフトバンクは日本シリーズ４連覇を果たした。

「喜瀬さんが書けば、そこが優勝しますね。じゃあ、次は阪神にしませんか？　そうしたら、阪神が優勝するかもしれませんよ」

打診なのか、単なる雑談なのか。判断はつきかねたが、私はつい、こう返していた。

「阪神のことは、僕には書く勇気がありません」

これが、偽らざる本音だった。

関西には、それこそ阪神の情報が溢れかえっている。

スポーツ紙では、毎日のように阪神の情報〝ばかり〟が載る。関西のテレビ局が制作する朝夕のニュース番組のスポーツコーナーの中心は、揃って阪神だ。

勝っても負けても、オリックスが日本一になろうとも、何があってもタイガースなのだ。

関西のスポーツ紙では、阪神以外の球団を担当している記者で「仕事ができる」と評価されると、即座にトラ番へと〝昇格〟する。

エース記者になり、１面原稿をバンバン書いて、トラ番キャップになる。

会社で昇進していくためには、それこそ「阪神」を経験しなければならないというのが不文律であり、どの社の人事を見ても、記者上がりで役職についているのはトラ番経験者だ。阪神取材一筋、何十年という名物記者もごろごろいる。阪神の歴史にも詳しく、球団の上層部との太いパイプを持っているベテランもたくさんいる。

関西のタレントや芸人、大学教授といった文化人の方々でも「阪神ファン」を看板に、テレビやラジオで、タイガースを語る人たちがわんさかいる。

阪神を書けば、いやこうだ、やれこうだと、各方面から言われるのも間違いない。

それぞれの「阪神論」がある。この〝阪神沼〟に踏み込むと、底なしなのだ。

そして私も、阪神にまつわるエピソードには、なぜかしら事欠かない。

記者は、球場に入るための身分証明として、ＮＰＢ（日本野球機構）から発行された、社名、自分の名前、顔写真の入ったパスを首から下げていく必要がある。

中日担当をしていたある日、阪神戦の取材で、甲子園球場にやって来た時のことだ。

関係者入り口前で、カバンからそのパスを取り出した。

パスをぶら下げている「ストラップ」は中日球団からいただいたもので、ドラゴンズのロゴ入りで、青色だった。

「おりゃ、サンスポ！」

声の方を振り向くと、阪神のハッピを着たおじさんが私の胸元を睨《にら》んでいた。

「サンスポのくせに、なんで中日なんじゃ。ここは甲子園じゃ。アホか」

記者ですらこれだから、選手はさらに大変だ。

ある年のセ・パ交流戦でのことだった。

甲子園の外野フィールドで、ソフトバンク・和田《わだ》毅《つよし》が短いダッシュを繰り返していた。

「おい、和田〜」

何度も何度も外野スタンドから呼びかけられたので、声のする方へ振り向いた。

「ちゃうわー」

ん？　状況が飲み込めず、困惑する和田に、勢いづいたファンがこう叫んだ。

「甲子園で『和田』っちゅうたら『和田豊《ゆたか》』（千葉／日大／84年3位）のことじゃ。お前とちゃうわ」

練習から戻って来た和田は苦笑いを浮かべながら、そのやり取りを明かしてくれた。

「和田は、お前じゃないって、そんなこと、分かりませんよね？」

中日時代の福留孝介《ふくどめこうすけ》（鹿児島／日本生命／13年移籍）が、外野の守備練習中、甲子園のライトスタンドの方を向いて、何やら話し込んでいた。

三塁側ベンチに引き揚げてきた際に「何、してたん？」と尋ねてみた。

「あ、あれ？　スタンドに、知り合いがいたんですよ」

話しだした福留の口元が、すでに緩んでいた。

「それでね、アイツら『福留、お前は打ってもええけど、最後は阪神に勝たせてや～』って。いやー、阪神ファンですよね、ホントに」

ヤジ一つにも笑いとオチをつけ、選手をダシにして周囲のファンを笑わせにかかろうという、関西人特有のノリに溢れているといえば、贔屓《ひいき》が過ぎるだろうか。

ファンの熱さに、関西という土地柄と人が絡み合い、醸《かも》し出されるその空気感も独特だ。

こうした種々の要素も、これから先の話での〝スパイス〟になってくる。

「そういうこと、私も初めて聞かせてもらいました。熱心な阪神ファンでも、意外と知らないことなんじゃないですか？　多分、面白いですよ。ぜひ書いてください」

三宅からの注文は、今までにない「阪神論」を、というわけだ。

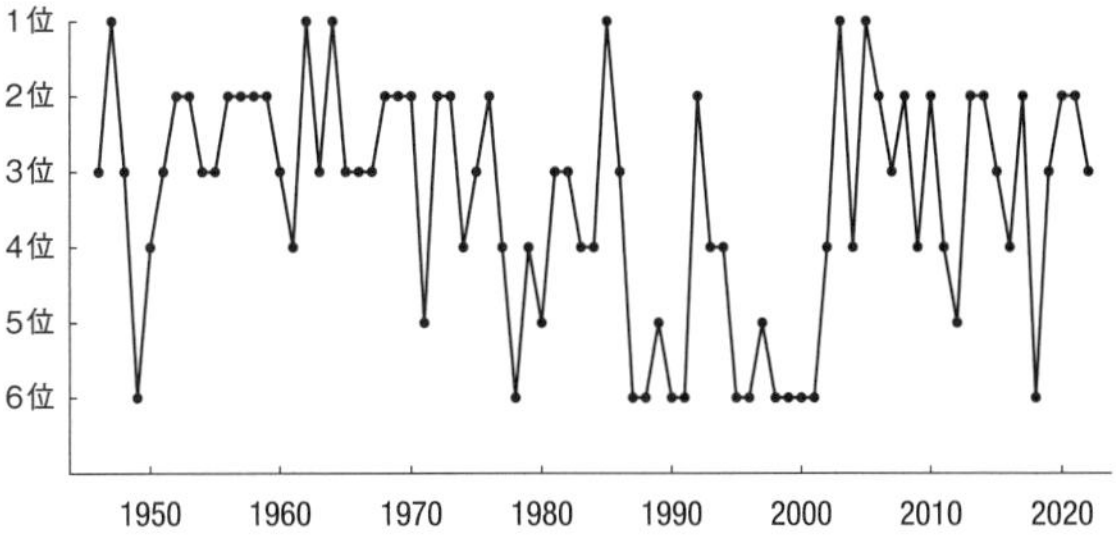

図版１　1946～2022 年の順位の変遷

トラ番の世界では、こんな〝言い伝え〟がある。

「阪神ファンは、トラ番になったら不幸になる」――。

その意味は「取材すればするほど、勝てないのが分かるから」だという。確かに「暗黒時代」と呼ばれた１９９０年代は、その通り（？）だった。

ただ、時代が進むとともに、ちょっと様相は変わってきている。

日本一の翌年、１９８６年から次のリーグ優勝を遂げる２００３年の前年、２００２年までの17シーズンで、最下位10度、Ｂクラスは15度を数える。しかも、１９９３年から２００２年までは10年連続Ｂクラス。文字通りの「暗黒時代」だった。

２０２２年シーズン終了時でも、１９８５年を最後に日本一からも遠ざかっている。この長きブランクは、広島の１９８４年に次ぐ〝ワースト2位〟でもある。

直近のリーグ優勝も２００５年のことだ。それでも、２００６年から２０２２年までの17シーズンで、Ｂクラスは5度のみ。最下位は1度しかなく、2位が8度もある。

矢《や》野《の》燿《あき》大《ひろ》（大阪／東北福祉大／98年移籍）の監督4年間は、すべてＡクラス。むしろ誇るべき結果でもある。

２０２２年も、セ・リーグの開幕連敗記録としてはワーストとなる「開幕9連敗」を喫しながらも、最後は3位に滑り込んでいる。

間違いなく、力はついてきているのだ。なのに、リーグ優勝から長く遠ざかり、平成の時代には、一度も日本一になれなかった。

阪神タイガースはなんで優勝でけへんのや？

いわく、マスコミが、毎日毎日、あることないこと書くからや。

いわく、ファンが、ぎゃーぎゃー言い過ぎるからやろ。

いわく、タニマチが、夜の街に選手を連れ回すからや。

いわく、ＯＢたちが、ごちゃごちゃと現場に口を出し過ぎやん。

いわく、スカウトが、ええ選手を獲ってけえへんからやろ。

いわく、２軍で、若い選手をちゃんと育てへんからやん。

列挙した「阪神のアカンところ」は、もはや拭《ぬぐ》い去れない定説のようになっている。

こうした話を掘り下げ、突っ込み、厳しく分析したような書籍やレポートを探してみたのだが、どれも隔靴掻痒《かっかそうよう》の感が否めない。

じゃ、お前はそれを取材して、書いてきたのか？

そう問われると、俯《うつむ》かざるを得ない。この部分での自己批判と反省は大いにある。

ただ、繰り返しにはなるが、どことなく「阪神ってこういうもんやろ？」というところですべての話が、とどまっているような気がするのだ。

この、どこかふんわりとした〝謎〟に切り込んでいこうというのが、本書における最大のチャレンジでもある。

多くの選手たちが超人気球団で破格の注目を浴び、その中でプレーするという重圧に苦しんできた姿を、私も取材の現場で目《ま》のあたりにしてきた。

それでも、現役の選手や首脳陣だと、自分たちの所属する組織の〝良くない思い出〟の一部を語ってもらうことになる。その取材に、球団の了解が容易に出るとは考えづらい。

また、現役時代に活躍した阪神OBになると、どこかのスポーツ紙と専属評論家としての契約を結んでいるケースが多い。阪神時代の振り返りは、まさしく、そういう話をしてもらうために契約しているわけだから、この取材もなかなか困難だ。

言い訳ばかり先に並べてしまったが、つまりは過去の取材体験から考えてみても「今、阪神に関わっていない人」に絞るのがベストではないまでも、ベターで無難なプランになる。

それでも、阪神に〝関わる人〟が絶対数として多いのだ。

新たな切り口での取材は、やっぱり大変だった。ある程度の覚悟はしていたが、取材に応じてくれる人を探すのに、実はかなり難航した。

取材依頼と企画書、執筆の動機を記した手紙を添え、こちらが「話を聞いてみたい」と思った元選手たちに、まずは郵送することにした。

「丁寧な企画書、ありがとうございました」

智辯和歌山《ちべんわかやま》高監督・中谷仁《なかたにじん》（和歌山／智辯和歌山高／97年1位）からは、直接電話をいただいた。

「でも、本当にすみません。今、立場上、高校野球とは別のことで話題になったりするのは避けたいと思っていまして、この件での取材はすべてお断りしているんです。またお話できるようになれば、必ずお答えしますので」

奈良で整体院を開業している萩原誠《はぎわらまこと》（大阪／大阪桐蔭《おおさかとういん》高／91年1位）からは、メールが届いた。

「ご丁寧な企画書を頂きましたが、今、野球に関する取材は、こちらの都合ですべてお断りしています。すみません」

的場寛一《まとばかんいち》（兵庫／九州共立大／99年1位）からも「ドラフト1位の話は、もう、ちょっと辛《つら》いんです。お声がけ頂いたのに申し訳ございません」という旨のメッセージが届いた。

伊藤隼太《いとうはやた》（愛知／慶大／11年1位）も、２０２２年まで所属していた独立リーグ・愛媛の球団広報から「申し訳ありません、とお伝えくださいとのことでした」と電話をいただいた。

彼らの思いも、いやというほど分かった。

かつての「挫折《ざせつ》の日々」を、改めて聞かれるのだ。こうした件に関して、初めての取材でもないだろう。悔しい、辛かった思い出を、さらにえぐり出されるようなことになる。

取材に応じてくれなかったから、恨んでいるわけでもなんでもない。そこだけは強調しておきたい。ただ、彼らの体験してきた苦悩が、それぞれの断りの中に、強くにじみ出ているような気がしてならなかった。取材依頼をしたことで、むしろ申し訳ない気持ちになった。

これも、阪神タイガースの「現実」なのだ。

あえて執筆の前段階になる経緯に触れたのも、これから記していく〝阪神論〟の伏線になっていることを、承知しておいていただきたい。


取材がある程度進んだ段階で、阪神ファンの編集者・田頭晃とのミーティングを行った。

「その話を、一度〝腑《ふ》分け〟してみたら、面白いんじゃないですか？」

その示《し》唆《さ》に、ひらめくものがあった。

熱狂的なファン、そして、これでもか、とばかりに連日、関西のスポーツ紙は破格の扱いで、阪神報道を展開していく。

野球のないオフであっても、たいてい1面から3面まで、ずらっと阪神の記事が並ぶ。それが、阪神という**「看板」**の輝きと重さでもある。

さらに、阪神タイガースという〝場〟が放つ、眩《まばゆ》いばかりの輝きと空気感。それは関西という独特の**「風土」**に根を持つものでもある。

そのオリジナリティーに戸惑う「他地域の出身者」という、恐ろしいばかりのハレーションも、はっきりと見えてくる。

本書の冒頭にも記したように、この本の中で登場する阪神ＯＢたちの名前の下には、その出身地と最終経歴、ドラフト指名を受けた年とその順位を付記してある。

これから展開していく〝風土論〟を理解する一助にしてもらうためでもある。

１９９０年代に頻出した弱気なドラフト**「戦略」**とリンクしているのは、２０２２年の開幕スタメンに高卒野手のレギュラーがいなかったという**「育成」**の停滞でもある。

そうした要素が複合的に絡まり合ったことが、かつての若きエース・藤浪晋太郎《ふじなみしんたろう》（大阪／大阪桐蔭高／12年1位）の〝行き詰まり〟と**「苦悩」**に象徴されている。

それこそ「1を聞いて10を書く」とまでいわれ、連日のように、膨大に報道される阪神の話題が、いつの間にか、固定化されたストーリーへと変わってしまう。

その恐ろしさを**「誤解」**で描いている。

一方で、マスコミにとって、阪神はまさしく〝飯の種〟だ。

阪神報道で主導権を取ることは、その社にとっての、大きなセールスポイントになる。過去を遡《さかのぼ》ってみると、球団の主導権争いに乗じて、番記者も動くという暗闘が繰り広げられていた。まるで政治の世界の「派閥抗争」のような、どろどろとした人間模様の中に、実は私も、知らぬ間に足を突っ込んでしまっていたことがあった。

「派閥」の章を読んでいただければ、章題に添えた「与党」と「野党」という意味合いも、よく分かっていただけると思う。

私の実体験は、超人気球団を取り巻くスポーツ報道の隠れた〝負の一面〟でもある。

最終章は、２０２３年から15年ぶりに阪神監督に復帰した岡《おか》田《だ》彰《あき》布《のぶ》（大阪／早大／79年1位）が「優勝」という言葉を**「アレ」**と置き換えるようになった、オリックス監督時代のその誕生秘話と、この本のまとめの意味合いも含めた、関西における「阪神」の存在意義を探ってみた。

取材依頼書には「40分から1時間程度」での取材をお願いしていた。

ところが、取材に応じてくれた元ドラ1たちは、例外なく、その倍以上の時間をかけ、たっぷりと、思いの丈《たけ》を話してくれた。

こちらも、つい取材であることを忘れてしまうほど、話に聞き入った。疑問に感じていたことを遠慮なく、どんどんぶつけさせてもらった。

阪神ファンとしては、至福の時間でもあった。

その〝熱〟を、少しでも皆さんにお伝えできればと思っている。

おっ？　その見方はちょっとおもろいやん！

えっ？　それはちょっとちゃうんとちゃうか？

そうやって、どうぞ、あちこち突っ込みながら読み進めてください。それこそ、阪神タイガースの「楽しみ方」でもありますから。

一つだけ、ここで強調しておきます。

この本を貫き通しているのは〝阪神愛〟です。

HANSHIN

第1章

看板

——阪神を離れて知る〝ブランドの重さ〟

TIGERS

遠山奬志（昭治）

（とおやま・しょうじ）

1967年7月21日生、熊本県出身。
八代第一高（現秀岳館高）から1985年1位指名で阪神入団。
1991～1997年はロッテ。
阪神在籍は10年間、298試合登板、16勝22敗5セーブ。

野田浩司

（のだ・こうじ）

1968年2月9日生、熊本県出身。
多良木高～九州産交から1987年1位指名で阪神入団。
1993年から現役引退の 2000 年はオリックス。
阪神在籍は5年間、35勝52敗9セーブ。

遠山昭治に取材の申し入れの電話を入れたのは、夏の大阪大会に向けての練習が本格化していた２０２２年６月に入った頃だった。

大阪・堺にある「浪速《なにわ》ふくろうベースボールスタジアム」は、浪速高校の専用グラウンドであり、２０１８年３月から稼働している。

浪速ふくろうベースボールスタジアム

全面人工芝の練習場には、ナイター設備も整っている。

１９２６年創部の古豪は、１９９１年と２００１年のセンバツに出場。２００１年にはベスト８進出も果たしている。

遠山は２０１９年11月から、この浪速高の監督を務めている。

「監督になってから、初めて会ったよね」

「ここに来てもう３年やから、５、６年会ってなかったんかな？」

実は、私がサンケイスポーツでプロ野球担当記者をしていた当時、現役を引退した遠山が一時期、評論家として所属していた。

ユニホームを脱いでからも、テレビやラジオの解説で切れ味鋭く、ずばりと要点を突いていた。情報番組のレギュラーも務めるなど、タレント性も十分に備えていた。

久々の再会で「意外やったわ」と、私は抱いていた印象を遠山に告げた。

「松井キラー」と呼ばれた男

高校野球の監督は、多くの選手たちの〝人生〟を預かる仕事でもある。親やOBとの対応も大変だ。私学ともなれば、学校側からの要望やプレッシャーだって大きい。

遠山は、八代《やつしろ》第一高（現秀岳館《しゅうがくかん》高）時代、投手として高校通算69勝、ノーヒットノーラン11回、打者として通算打率4割4分、本塁打35本の驚くべき数字を残している。

突き抜けた力を持った投打の二刀流として評価され、阪神のドラフト1位指名を受けたトップアスリートの視線から見れば、いくら強豪校のメンバーとはいっても、もどかしい、物足りないレベルの選手も多いはずだ。

選手たちと同じ目線に立つ。つまり、視線を落とすということは、簡単なようでなかなかできないものだ。その葛藤はないのか、というのが一番の疑問だった。

「そりゃ、解説の方が楽よ。でもね、俺、思ったのは、高校の監督ってのも、なかなかなれないやん？　不安はあったけど、逆に俺、楽しかったんですよ。なかなか経験できないことですもん。そりゃもう、ありがたかったです。だから一生懸命になれるんですよ」

全国でも一、二を争う激戦区の大阪は、平成の時代に大阪桐蔭、履正社《りせいしゃ》という全国制覇を成し遂げた2強が、令和の新時代にも依然として君臨している。

この2校を破って甲子園に行くのは、並大抵のことではない。

遠山昭治

「他の高校の監督にも言ってるねん。大阪桐蔭がここにおるんやから、予選から大阪桐蔭とあたるなんて、これは大阪しかないんよ。これを、みんなでアピールしようや、って、俺は言ってるんですよ。もっとレベルを上げていこうやと」

難敵に、果敢に立ち向かっていく。

その負けん気は、遠山昭治という投手が、巨人の4番・松井《まつい》秀喜《ひでき》に対して、堂々と内角を投げ込み、詰まらせ、松井に「遠山さんの顔も見たくない」とまで言わしめた、たぐいまれなる勝負根性から出てくるのだろう。

「俺の人生、これからも変わらんと思うよ。与えられたことをしっかりとやる。それは自分の芯として持っているんですよ。だから『監督をやってください』って、それにOKを出したら、もう全身全霊ですよ。よし、やったろ、って思うしね。ある意味、不器用なんかもしれませんよ。だって、これしかできないわけですから」

しかも遠山は、監督業だけに専念している〝雇われ監督〟ではない。学校法人浪速学院の入試広報部参与という肩書を持つ、れっきとした職員の一人だ。

「中途半端では、引き受けたくなかったんよ。だから俺は、学校に入ったんよ。そうしたら、ちゃんと言えるじゃん。学校のやり方はどうか、とかね」

平日は、午前8時に出勤する。入試広報部の一員として、学校説明のパンフレットを持って、府内の学校を自ら訪問して回ることもある。夕方になれば、堺の練習グラウンドへ向かい、午後7時半まで練習。自宅に帰ると、もう午後9時過ぎなのだという。

週末も、練習試合や公式戦で消える。月曜日には休みをもらっているというが「1年生に悩みがある、とかになれば、三者面談を月曜日にやったりしています」

遠山が見せた情熱と、その〝高校野球監督論〟にも、なかなか興味深いものがあった。

街に、虎が溢れている

本題に戻り、阪神の「ドラフト1位」としての日々を振り返ってもらうことにした。

最初の衝撃は、入団会見のため、新幹線で新大阪駅に到着したその日のことだった。

「新大阪の改札、出た時やったわ」

その時、目に飛び込んできた〝縦ジマ〟が、今も心に焼きついているという。

「俺は最初、大阪に来た時に、おっちゃんがタイガースの帽子をかぶっている時点で、おっ、すごいな、って思ったんだから。何しろ、タイガースのユニホームを着ている人が街にいるってのがおかしいんですよ。ウチの田舎だったらいびつな感じになりますよ。うわっ、何、あの人？　ってなる。こっちに来て、タイガースはやっぱりすごい、と思ったけど、来た当初は、それが分からないんですよね」

例えば、阪神ファンは球場へ応援に行く際、家を出る時からレプリカのユニホームや帽子をかぶっている。阪神電車に乗ると、甲子園に行くんだな、というのが即座に分かる。

東京や名古屋へ応援に行くファンだって、新幹線からユニホームを着ている。

その時点から、もう応援への気合と情熱に満ち溢れているのだ。

ところが東京の巨人ファンだと、電車を降り、東京ドームの入り口近くになって、応援スタイルになるために、初めてカバンからレプリカのユニホームを出してくることが多い。

試合が終われば、ユニホームを脱いで球場を出て、電車に乗って帰る。

どっちがいい、悪いではない。上品だ、下品だ、と品定めするのでもない。ひょっとしたら、文化論の域になってくるかもしれない。

ただ、阪神ファンというのは、どこのビジター球場に行こうとも、なぜかしら、実に堂々としている。「応援、来たったで」的な主張が、とても強いのだ。

遠山は、街に虎が溢れている光景を、大阪へ着いたその瞬間、目にしたのだ。

新大阪駅の改札口を横切ったおじさんが、白地に黒の縦じま、正面に「T」と「H」の組み合わさったロゴマークがついた、当時の〝タイガース・キャップ〟をかぶっている。

球場でもないのに、阪神の帽子をかぶっているファンが歩いているのだ。

「うわー、大阪来ました、タイガースの帽子、かぶってるやん。そこからでしょ。ここは都会やな、ホンマもんやなと。それで、阪神に入ったら『あ、遠山』って言われるじゃない？　なんで俺の名前、知ってるんやって感じじゃない？　自分からしたら、もうそこから狂っちゃってるんですよ」

清原の「外れ1位」

１９８５年のドラフトは、ＰＬ学園高の４番・清原和博、エース・桑田《くわた》真澄《ますみ》の「ＫＫコンビ」に、大きな注目が集まっていた。

早大進学を打ち出していたチームメートの桑田が巨人に指名される一方、巨人を熱望していた清原は西武が指名。呆然自失の清原が涙を流した記者会見は、今もなお、ドラフトを巡る〝悲劇〟の一つとして語り継がれている。

阪神も清原の指名に乗り出したが、西武、南海、日本ハム、中日、近鉄との競合の末、抽選で外れてしまった。

遠山は、だから「外れ１位」だった。

事前の挨拶で、遠山は阪神から「清原でいきます」と迷うことなく告げられたという。さらに、清原の抽選に外れた場合には「１位でいきます」とも通達されていたという。

「そんなに現実味がなかったんです。でも、よく考えたら、タイガースが清原にいく。外れたら、じゃあ、誰だってなるじゃないですか。それで俺、あ、しまった、って思ったんです。だって、清原には何球団もいくから、あたる確率の方が低いじゃん」

社会人の本田技研熊本（現Ｈｏｎｄａ熊本）から、入社の内定をもらっていた。

「県外に出たいと思わなかったんです。野球で目立って、地元の企業に入りたい。自分のビジョンは社会人でしたもん。社会人の都市対抗です。あれ、会社でばーっと応援、やるじゃん？　あれが楽しそうだなと思って、楽しく野球をしたいと思っていたんです。社会人も何社も来ていて、もう選び放題やったんです。だから、外へ出てどうのこうの、とかないんだもん。そこまでのビジョンは、予定通り来たわけじゃないですか」

地元の企業に入って、都市対抗に出て、地元のみんなに応援される。地元で彼女と結婚して、地元で楽しく暮らしていく。

その人生設計は、他の世界を知らないゆえの地元志向、井の中の蛙《かわず》と笑えるだろうか？

そうした明確な目標を立て、それを自分の得意な「野球」で成し遂げようとしていた18歳の意志の方を、むしろ称《たた》えたいような気がする。

プロ入りを断っておけばよかったという思いも、ちらりとあったという。それでも、やはり「ドラフト1位」という、その名誉には代えがたい。

初めて故郷を出た。そして〝タイガースの色〟が濃厚な街に飛び込んだ。

「だから俺は、それで迷ったかもしれんね」

自分の力が全く及ばない、周りの大きな流れに飲み込まれ、すべての物事が勝手に動いているような気がした。

江夏の12勝に次ぐ「高卒ルーキー1年目」での8勝

２０１０年代に入った頃からだろう。

高卒ルーキーには、まずプロの世界に慣れるための別プログラムが組まれる。投手なら球数も制限し、怪我をさせないよう、慎重に、綿密にメニューを組んでのスタートとなる。

２０２２年、プロ３年目で完全試合を達成したロッテ・佐々木《ささき》朗希《ろうき》の１年目などは、ノースローに近かった。今や、個々人の体の成長ぶり、故障歴の有無などに応じて、個別のトレーニングが行われるのも、当たり前のことになってきた。

しかし、まだ昭和という〝前・前時代〟の野球には、そんな特別扱いなどない。

「右も分からないで入ってきているからね、プロに。キャンプの時なんか、なんと言うのかな、言われた通りに走り込んで、キャンプの途中から立ち投げをやって、キャンプの終わりくらいからピッチングをやって、ファームでちょっと投げてみたり、とか。もう言われるがままの１年だったんですよ。だって、俺に計画性なんかないじゃん。初めてのことだしさ、田舎モンの高校生が入って来ていろいろな考えもなしに『投げてこい』『はい、分かりました』と。あっ、テレビで見た人に投げてるわ、みたいな感じやもん」

そのストレートは、左打者の外角へ小さく切れていく。

「今なら、カットボールですよ」

その当時は、まだ「真っスラ」と呼ばれていた。ナチュラルにボールが少し曲がる。そのクセ球が、首脳陣たちの目を引いた。

プロ初登板は４月27日、初先発は５月１日、初勝利は５月14日。

とんとん拍子に出世の階段を上っていく。27試合中、先発は24試合というルーキー左腕は１９８６年、２完封を含む８勝をマークした。阪神の高卒ルーキーとしては、１９６７年の江夏豊が12勝を挙げたのに次ぐ好成績だった。

「でも、全く記憶にございません、なんですよ。というのは、ホントに言われるがまま、真っ白のまんまやってたから……。なんと言うのかな、まだ自分の構想がないわけじゃないですか。その中でいってるわけじゃないですか」

左のエース誕生だ。江夏２世の出現だ。

周囲の期待は、高まる一方だった。あちらこちらから、いろいろなアドバイスが飛んでくる。ただ、さらに成長していくためには、その中から自分に合わないものは捨て、必要なものだけを抽出して取り入れるという、賢明な取捨選択が重要になる。

そこには、自らの「基準」になるものが必要になる。しかし、18歳の遠山には、そのベースを築くだけのゆとりも、余裕もまだなかった。

「真っスラとカーブだけじゃアカン。左打者の内角、シュートか何か、覚えないとアカンという感じでした。こっちだけじゃあれやから『こっちを覚えなアカン』『幅を広げないとアカン』と。それも、言われるがままやってるから、分からないんですよね」

アメリカ・フロリダでの教育リーグ。武者修行の場で新球にトライしている時、遠山が左肩を痛めたのは「慣れない筋肉の使い方で、炎症を起こしたと思うんです」

そこから、遠山の成績は下り坂をたどる。

１９８７年０勝３敗。１９８８年２勝９敗、１９８９年２勝１敗、１９９０年０勝０敗。

「狂った、というか、だってそれまでが、自分の〝地盤〟じゃなかったから、分からないわけですよ。狂うも何も、自分の形が、自分で分からないわけだから、そこは悩みましたよね。どうしたらええもんか……と」

言われるがまま、全力で投げまくった18歳は、確かに活躍した。しかし、一度狂った歯車をもう一度かみ合わせるために、立ち戻るべき〝原点〟すら見失っていた。

6年目の１９９１年、高《たか》橋《はし》慶《よし》彦《ひこ》との交換トレードでのロッテ移籍が決まった。

「プライドというのは、特にはなかったですけどね。あー、トレード出された、やっぱりそういう形になったんやな、というのはありましたよ」

ドラフト１位が、わずか5年しかプレーできずに他球団へ移る。阪神の90年代が「暗黒時代」と称されるようになるのも、必然の流れだったのかもしれない。

その2年後、１９８７年のドラフト１位・野田浩司も、遠山と同じプロ６年目の１９９３年に、オリックスへ移籍することになる。

同じ熊本出身の同級生は、不思議なほどに、同じような道を歩んでいたのだ。

もう一人の熊本出身ドラ1

阪急の神戸三《さんの》宮《みや》駅、東口改札があるターミナルビルを山側へ出ると、ほど近くにある雑居ビルの5階に、かつて野田浩司が切り盛りしていた「まる九」があった。

まるごと九州、を縮めたその店名は、野田の出身地・熊本の名産「馬刺」をはじめ、九州のうまいものが、メニューにずらりと並んでいた。

オリックス・ブルーウェーブのラストイヤー、近鉄との合併前年の２００４年に、野田は阪神時代の監督でもあったオリックスGM・中村《なかむら》勝広《かつひろ》（千葉／早大／71年２位）からの誘いを受け、１軍投手コーチを務めている。しかし合併球団には残らず、その１年だけで退任する決断を下している。

コーチは監督の言葉を伝え、選手の思いを監督に伝える仲介者の役目もある。だから時には、自分の思いを殺し、自分の意に反した監督の決定事項を伝える時もある。

野田浩司

それが、野田にはできなかったという。

「誰しも指導者をやってみたいと当然思っているんだけど、１年やらせてもらって、ちょうどその時、球団が統合になる時で、ストライキもあって、何かいろいろなことを思ってね。この世界よりも、何か自分でやってみたいよな、と思ったんですよね」

退任翌年の２００５年に「現役の時から、おぼろげながらやってみたいなと思っていたんです」という、自らの経営する飲食店を三宮に出した。

予約の電話を入れると、野田が直接出て、受けてくれるのにはいつも驚かされた。

毎日のように店に出て、プロ野球の解説で球場にも行き、息子の少年野球の指導にも付き合い、社会人チームのコーチも務めるなど「店をやめる頃は、本当に忙しかったんです」

その「まる九」も、２０１９年２月に、人に譲ったという。

「一回しかない人生なんで、いろいろなことをしてみたいな、というのはありますね」

次なるステップへ「充電中です」と笑い、取材時間を打ち合わせた時も「だから今は、時間がありますよ」というその心遣いまで、実に細やかだ。

「僕、むちゃくちゃ、巨人ファンだったんです」

そんな衝撃の告白から、野田の「阪神ドラフト１位」時代の回想は始まった。

高校卒業時にはプロを志望しなかった

出身地の多良木《たらぎ》は、地図上でいえば熊本県の右隅、宮崎県との県境付近にある。

「超・野球小僧だったんです。高校野球は、全試合見るような子でした」

心躍らせたのは、強い巨人の存在だった。王貞治《おうさだはる》の本塁打と、西本聖《にしもとたかし》の強気な投球ぶりに憧れ続けていたという。

「だからもう、阪神は巨人の相手くらいの感覚でした。敵ですわね」

進学した多良木高は、１９２２年創立の県立高。全校生徒が１０００人超の頃もあったというが、２０１８年には67人にまで落ち込むなど、県内の高校再編・統合に伴い、２０１９年３月31日に97年の長き歴史にピリオドを打ち、閉校となった。

少子高齢化による生徒減少が続く中でも、多良木高は２０１２年から６年連続で夏の大会で県ベスト16以上に進出。県内では上位を常にうかがう実力校の一つだった。

野田の３年夏、１９８５年に優勝候補に挙がったのは、名門・熊本工と、後に阪神で同僚となる、その年の阪神ドラフト１位・遠山昭治のいる八代第一の２校。野田の多良木高は

「ダークホースだったんですよ」

実はこの取材のために、過去の試合結果や文献を調べている時に、遠山と野田が同じ熊本県内で戦うライバルで、同級生だったことに私は初めて気づいた。

「３年の春くらいには、遠山、野田って、名前が挙がっていたんですよ」

その２人が、高校時代に一度だけ、公式戦で対決したことがある。

地図上でいえば、熊本を上下の真ん中で２つに割ると、上が城北、下が城南になる。２人が３年生の時、城南大会の決勝で激突したのだ。

「ネット裏に、20人くらいスカウトがいました。パイプ椅子に座って見てましたよ」

注目の対決は、夏の熊本大会への前哨戦でもあった。

投手・野田は「あいつ（遠山）にホームランを打たれて、3―1くらいで負けました」

打者・野田は、遠山から二塁打を放ったという。

その夏、甲子園をかけた県大会2回戦で、いきなり熊本工と八代第一が対決した。

決勝戦のような大一番を「どこかできっと、どちらかとあたるやろうと思って」と野田は藤崎台県営球場（現リブワーク藤崎台球場）へ、自ら偵察に出向いたという。

野田の記憶を頼りに、試合をたどっていく。

7回二死まで、八代第一が8―0で大きくリードしていたという。

コールドゲームになるのは、7回終了時なら7点差がついている時だ。だから、そのコールド負け寸前のところから、熊本工が大反撃に出る。

「2点、3点、5点とかですよ。ひっくり返されたんです」

最終スコアは10―8。熊本工の驚異の逆転勝利だ。城南大会で、多良木が勝てなかった八代第一を熊本工が下した。その熊本工と多良木は、準々決勝で対戦した。

「もう、大騒ぎやったです。熊工に勝った時点でね。甲子園が見えた！　って」

11－9の激戦を制すると、山間《やまあい》の小さな町が沸きに沸いた。

しかし、夢は一瞬だった。準決勝は0－1で九州学院に敗れ、多良木は結局、その歴史を終えるまで、甲子園に出ることはできなかった。

町を沸かせた右腕は、高校卒業時にプロを志望しなかった。

「自分自身も自信がなかったし、正直言って、遠山を見て、うわっ、すごいなと思ったんだけど、自分で自分を冷静に見た時には、そんなにすごいと思わなかった。スカウトは11球団くらい来ていたんだけど、全部4位、5位、6位くらい。熱心に誘ってくれた球団もありました。最後の最後まで『ちょっとでも気持ちが残っていたら、ウチは指名します』という球団はありましたけど、俺が『100%ありません』って」

地元・熊本の九州産交に入社を決め、社会人で野球を続けることにした。

同じ県内といっても、初めて親元から離れての生活だった。故郷・多良木からは熊本市内まで、当時はバスで3時間近くかかったという。

「やっぱり、お金も使うじゃないですか。それでやっぱり、これはプロに入って稼がないとアカンという気持ちになってきたんですよね。高校時代は親元で、何の不自由もなく野球をやらせてもらって、親元を離れて現実の社会を見た時に、そんな感じになりました」

高校野球を引退した3年夏。いとこを訪ねて熊本市内へ行き、街中のアーケード街を案内してもらった時「人酔いしたんですよ。こんなに人がいるのか、と思ってね」

その小さなコミュニティーから飛び出した時に、夢がぐっと広がったのだ。

まさかの「外れ1位」

野田の社会人2年目。九州産交が、その年限りで活動を停止することが決まった。日産九州への移籍が決まっていた野田にとっても、九州産交最後の大会となる社会人日本選手権の九州予選になる。そこで、野田の右腕が冴えわたるのだ。

完封、完投に続き、代表決定戦は完投しながらの敗戦で日本選手権の出場は逃したが、落差の大きいフォークで三振の山を積み上げた20歳に、スカウトたちは色めき立った。

高卒からの社会人入りは、ドラフト指名を受けるまで3シーズンが必要になる。しかし廃部や休部で活動できなくなったケースは、特例で1年目、2年目でも指名が可能になる。

最も熱心だったのは、ヤクルトだったという。

野球協約を調べ、所属チームの休部なら高卒でも3年を経ずに指名可能で、野田を指名できるというのを最初に伝えに来たのも、ヤクルトだったという。

その年、ヤクルトの１位指名は立教大のサード・長嶋《ながしま》一茂《かずしげ》。いわずと知れた、ミスターこと、長嶋茂雄《しげお》の長男。その一茂の動向が、ドラフトの焦点だった。

「長嶋一茂さんにいくのは分かっていたんで、外れ１位やな、と思っていたんです」

その心づもりで、ドラフト当日に九州産交の本社に出勤すると、設定されていた記者会見場に大阪からやって来たというサンケイスポーツのトラ番が１人、待ち構えていたという。

「君、阪神の外れ１位やで」

外れ１位のところに、最初から記者を派遣していたという手回しの良さには、私の古巣とはいえ、驚かされるエピソードだ。

「うそーっ、って思いました。聞いてないよ、みたいな感じでした」

ところが、それが現実になる。

ヤクルトと大洋（現ＤｅＮＡ）で競合した長嶋の交渉権は、ヤクルトが引き当てた。

阪神は、東《とう》亜《あ》学園《がくえん》高の右腕・川島《かわしま》堅《けん》の指名に乗り出したが、３球団競合の末、広島が交渉権を獲得。そこで阪神は、外れ１位に野田を指名したのだ。

その瞬間から、野田を取り巻く環境は「激変しました」

見知らぬ修学旅行生からの胴上げ

指名直後から、関西のテレビ、新聞のトラ番たちが三々五々、熊本へ駆けつけてきた。九州産交の本社のほど近くに、名城・熊本城がそびえたっている。

野田は、熊本城の前に連れ出されると、お決まりのガッツポーズを取らされ、阪神の帽子をかぶって写真を撮られ、城を背景にテレビのインタビューに答えなければならなかった。

図々しい(?)関西のマスコミは、熊本城を見学中の修学旅行生の一団を呼び寄せた。

「この兄ちゃん、きょう、阪神にドラフト1位指名されたんや。ちょっと胴上げしたってくれへんか?」

名前も学校も知らない詰襟の高校生たちに胴上げされたシーンが、テレビで流され、新聞にドーンと掲載されることになった。

「だから、その日だけで、熊本城と本社を3往復しました」

てんてこ舞いの、嵐の一日が過ぎ、翌朝になっても、その余波は続いていく。

「野田浩司さんへ」

寮の前に、どでかい名前のついた「花輪」が何本も立てかけられていた。

「起きたら、パチンコ店の開店の時みたいな花輪が、ポンポンポンって来ているんですよ。

新聞とかでも、熊本の方では阪神の原稿はそう載らないんです。でも、関西の新聞とかが送られてきて、それを見たらビックリしましたよね。なんや、これ？　こんなにデカく報道されるの？　みたいな感じでね」

いきなりの〝マスコミアレルギー〟

年が明けると、新人選手は「合同自主トレ」という、矛盾《むじゅん》した単語を引っつけて表される恒例行事で、甲子園球場に集められる。それが、プロとしての第一歩だ。

「やっぱり、マスコミのすごさに一番びっくりしました。とんでもなかったですね。それも記者さんが手あたり次第、来るわけじゃないですか。休みの日も来てましたからね」

ある記者から「遠山君に負けたくないよね」と聞かれたのだという。

「やっぱり、遠山と比べたいわけですよね。それで僕が『そりゃ、そうですね』とか言うと、次の日の１面が『あんなやつに負けられるか』みたいな書き方なんです」

スポーツ紙も、プロ野球のオフの時期には、なかなか格好のネタが見当たらない。

野田と遠山は同郷の同級生だから、負けたくないはずや。

この推測だけで、見出しと原稿は作られてしまう。これを〝嵌《は》め取材〟というのだが、原稿に沿うような本人のコメントを取ってこいというのが、上司からの指令なのだ。

野田は「負けられない」といった言葉は使っていない。質問に対し、肯定のニュアンスをほのめかしているとはいえ、断定的には決して答えていない。

それでも、記者の質問を肯定しているから、記者の質問が、野田の答えになっても間違いではないだろう、くらいの感覚で、スポーツ紙は1面を作ってしまう。

人気球団のドラフト1位ほど、その〝乖離《かいり》〟に苦しんでしまうのだ。

「新聞だけ読んでたら、俺、むちゃくちゃ、向こう気が強くてね。なんかもう、俺が俺が、みたいなね。阪神の同級生のヤツに『お前、そんな感じの人間やったんや？』って言われましたもん。やっぱり、そう思うんですよね。記事だけ見たら。実際、私生活でいろいろと接するようになると『お前のイメージ、全然違ったわ』って言われましたしね。

だから、ちょっとしたマスコミアレルギーでしたね、最初の方。もう何も言えないし、しゃべれない。ハイも言えないみたいなね。新聞を読むのがいやでしたもん」

野球をする以前に、その〝周囲との距離感〟に、野田は悩んでしまった。

甲子園の地面が震える

多良木という、静かな山間の町で生まれ育った野田にとって、関西のスピード感と、阪神タイガースという超人気球団を取り巻く環境は、まさしく「激変」だった。

そんな中でも、野田の１年目は３勝13敗。先発17試合、リリーフ25試合。

１９８８年は51勝77敗２分けで２年連続最下位というチーム事情から考えても、社会人出身のルーキーとしては白星こそ少ない感はあるが、上々の成績といってもいいだろう。

「やっぱり、あの甲子園の巨人戦とかね。すごいですよ。地響きするような感じなんですよ、グラウンドレベルで。そんな経験をさせてもらったからね」

今でも、手に取るように、あの日の緊張を思い出せるのだという。

１９８８年４月13日。巨人戦での初登板は、１－２のビハインドで迎えた６回１死満塁の場面だった。甲子園のライトフェンス手前には「ラッキーゾーン」があり、そのゾーン内がブルペンとして使われていた時代だった。

先発の仲田《なかだ》幸司《こうじ》（沖縄／興南《こうなん》高／83年３位）がピンチを招き、ベンチから連絡がきた。

「野田、行くぞ」

その瞬間、手足の震えが止まらなくなったという。

子供の頃、憧れ続けた巨人を相手に、高校時代にたどり着けなかった聖地・甲子園のマウンドで対戦するのだ。

打席には、7番の中《なか》畑《はた》清《きよし》が立っていた。

「うわー、中畑さんや、って感じですよ。もう、マウンドに行っても震えが全く止まらなくて、1球もストライクが入らなかったんです」

ストレートの押し出し四球を出してしまった。

野田は、自分のほおを自分でたたいて、自分をやっと取り戻すことができたという。

よく、甲子園でプレーした選手たちが「地響きがする」と表現するのだが、それもちょっと、大げさに、盛っているのではないかと思うこともあった。

野田は、真顔でそれを否定した。

「すごいですよ。ホントに地響きがするんです。ラッキーゾーンがブルペンだから、臨場感があるんですよ。甲子園の巨人戦、試合前の練習が終わってプレーボール。そこでお客さんが『うおーっ』。これが甲子園の巨人戦なんや、そこで実際、自分が登板するんやと。

オリックスで優勝したり、日本シリーズで神戸で胴上げしたり、もう絶対に勝たなきゃという、そのプレッシャーはありました。ただ、自分がリリーフで投げるだけなのにこの緊張感。衝撃的でした。地面が震えて、自分も震えていました。あそこに立って舞い上がる若いピッチャー、たまにいるじゃないですか、今でもね。分かりますよ」

その重圧と誇りの中で、野田は「エース」としての実績を積み上げていく。

プロ３年目の１９９０年、中村勝広が監督に就任すると、野田は抑えから先発に転向となり、この年11勝、翌91年には開幕投手を務め、８勝にとどまったが、投球回数は２１２回３分の２だった。

分業制の今だと、なかなか「２００回」を超えることがない。２０２２年もセ、パ両リーグともに、その壁を突破した投手は一人もいない。

「先発の方が合ってましたね。どうしても、真っすぐが速くて、フォークを投げるピッチャーって、イメージとしてリリーフになりやすいんですけど、僕、かなりリリーフでも投げてるはずなんですが、トータルで９セーブしか挙げてないんですよ」

阪神の５年間で、１８０試合の登板中、実は１０１試合がリリーフだった。

「出ていってすぐはガッと抑えるんですけど、次のイニングとかよく打たれましたね。緊張の糸が切れる、というのでもないんですけど」

いわゆる、イニングまたぎが苦手だったというのだ。

右肘痛で出遅れた1992年、野田は7月から先発を中心に投げ8勝。最後の最後まで優勝を争ったそのシーズンで、野田の存在感は増していた。

オリックスとのトレードは、その年のオフだった。

チーム防御率はリーグトップの2・90。なのにチーム打率は同5位の2割5分、86本塁打はリーグ最下位。その「投高打低」の現状を打破し、打線強化に乗り出すためにオリックス・松《まつ》永《なが》浩《ひろ》美《み》を獲得。交換要員に、野田が指名されたのだ。

「一抹《いちまつ》の寂しさはあったと思うけど、僕はそんなに……。逆に良かったですね。自分のペースで、やれるというかね」

この「野田放出」は、阪神の球団史上でも「大失敗トレード」と評されるようになる。

「阪神のテスト、受けてみろよ」

野田よりも2年早く、パ・リーグへ移っていた遠山は、1991年からの4年間、貴重な中継ぎ左腕として、その存在感を発揮していた。

その4年間で先発は2回だけ。93試合はリリーバーだった。

「今、先発、中継ぎ、抑え、ホールドとか、ちゃんと目に見える形で査定があるじゃん？

俺らの時なんか、ブルペンで何回肩を作っても、何をしても、ちょっとしたポイントしかつかないわけじゃん？　反映してこないのよ、給料に。これだけ毎日準備して、これだけやってても、球団によってはやっぱり、結果だけなんですよ。だから、ちょっともう、納得いかなかったというところがあって、そういうモヤモヤ感の中でやってたんですよ」

　報われない中継ぎへの不満が、募っていたという。

ただ、遠山には高校時代、通算35本塁打という打力があった。

　１９９４年のシーズン終盤から遠山は打者に転向すると、１９９６年にはイースタン・リーグで91試合に出場、打率２割９分１厘で最多安打をマーク。翌１９９７年にも76試合で打率３割１分７厘の好成績を残した。

　それでも、当時のロッテは西村《にしむら》徳文《のりふみ》、平井《ひらい》光親《みつちか》、諸積《もろづみ》兼司《けんじ》ら、左の好打者が目白押し。遠山の８歳年下で、後に２０００本安打を達成する福浦《ふくうら》和也《かずや》も、ファームで力をつけ始めていた。

　投手から転向した外様《とざま》の遠山が割って入る場所はなく、野手・遠山として１軍に呼ばれることがないまま、１９９７年オフ、戦力外通告を受けることになる。

　ロッテは遠山に対して、フロント入りを打診した。

「まだちょっと、未練というかね……」

引退か現役続行か、心が揺れていた時、阪神時代の先輩で、１９８３年のドラフト１位・中西《なかにし》清起《きよおき》（高知／リッカー）から「阪神のテスト、受けてみろよ」という連絡が入った。

「今、吉田さんもそうやし、みんな、お前の先輩がやってるから、行ってこい」

監督・吉田義男《よしだよしお》（京都／立命大中退／53年入団）、ヘッドコーチ・一枝修平《いちえだしゅうへい》（大阪／河合楽器／74年移籍）は、遠山のルーキーイヤーだった１９８６年の体制と同じだった。

１９８６年当時は現役だった捕手の木戸克彦《きどかつひこ》（大阪／法大／82年１位）、内野手だった平田《ひらた》勝男《かつお》（長崎／明大／81年２位）もコーチに就任していた。

この布陣こそが、遠山の運命を好転させることになる。

彼らは、遠山の〝一番輝いていた時〟を知っていたのだ。

バックホームの球が〝真っスラ〟だった

遠山はまず、野手として阪神の入団テストを受けた。

シートノックで外野に入った遠山が、本塁へバックホーム送球をする。

その返球が、ホームの手前で小さく変化しているのに、吉田も一枝も、木戸も平田も、すぐに気づいたのだという。

一枝が、遠山のもとへやって来た。

「ちょっとブルペンで、投げてみいひんか？」

その時、仲田幸司も古巣のテストに参加していた。

「マイク」の愛称で親しまれた左腕も、阪神からＦＡ宣言して１９９５年オフにロッテへ移籍。ただ在籍２年で白星を挙げられず、遠山と同じ１９９７年に戦力外通告を受けた。

テストで獲得する左投手の枠は、事実上「１」だった。

仲田の特徴も、吉田や一枝らは、もちろん把握している。

ただ、遠山のあの〝真っスラ〟が「まだ使えるのなら」という発想は、その球で実績を残したことを知る人たちだったからこそ出てきたのだ。

遠山にとって、３年ぶりのブルペン入りだったという。

「それで、次の日ですよ。合格、不合格を伝えると言われて、僕が受かったんです」

首脳陣は仲田ではなく、遠山を選んだ。８年ぶりに「投手」として古巣復帰を果たし、翌１９９９年には、野村《のむら》克也《かつや》（京都／峰山《みねやま》高）が阪神監督に就任する。

遠山の運命が、再び大きく動き出すことになる。

「左打者の内角へ投げられるか?」

ロッテ3年目の1993年、遠山は貴重な中継ぎ左腕として、ブルペンを支える一人だった。当時の監督は八《や》木《ぎ》沢《さわ》壮《そう》六《ろく》。ロッテの一時代を築いた元エースだ。

1994年にオリックスの若きヒットメーカーとして、大ブレークしたのがイチローだった。左対左、イチロー封じに遠山は起用された。

当時の遠山はスリークオーター。つまり45度の角度で腕を振る、オーソドックスな投げ方だったが「イチローにあたったとき、横から投げたり、上から投げたりしたんです」

幻惑させるためのサイドスロー。八木沢が、その〝サイドの遠山〟の姿を見ていたのだ。

野村は、左殺しのスペシャリストを探していた。阪神の1軍コーチに転身していた八木沢は、阪神に復帰して2年目、当時32歳の遠山に〝野村の意向〟を伝えたという。

「腕下げて、左バッターのインコースに投げられるか?」

「もちろん、投げられますよ」

遠山は、間髪入れずに、自信満々に答えたという。

「投げられるかと言われたら、僕は投げられると。投げられる、投げられないを問わず『投げられますよ』。だって、やってたわけですから、イチロー相手に」

登録名を「遠山昭治」から「遠山奬志」に変え、決意も新たに臨んだ１９９９年、遠山は後に一世を風靡《ふうび》する「松井キラー」へと変身を遂げるのだ。

ノムさんの「金言」

１９９９年当時、巨人には松井秀喜、高橋《たかはし》由伸《よしのぶ》、広島には金本《かねもと》知憲《ともあき》（広島／東北福祉大／02年移籍）、前田《まえだ》智徳《とものり》、ヤクルトにはロベルト・ペタジーニと、ライバル球団には、打線の中軸に左の長距離砲が座っていた。

だからこそ、左のワンポイント、スペシャリストの存在が不可欠だった。

「遠山、な、変化球でも、こーんなに曲げるんじゃないんや」

ある日、野村は両手を大きく広げ、笑いながら、ちょっぴりスローな、あの〝ノムさん節〟で遠山に「金言」を授けたという。

「要は、な、バットの芯って、これだけやろ？」

野村は、広げていた両手をぐっと縮めた。バットの芯の幅は、数センチにすぎない。

「これだけや。これだけ曲げたら、ええんや」

遠山は、目を見開かされる思いだったという。

「ピッチャーって、曲げよう、落とそうって、ものすごく考えるでしょ。ピッチング練習をしても、曲がった？　落ちてる？　ってよく聞くじゃない？　そんな落ちてへんのよ。でも、ピッチャーを盛り上げるために、キャッチャーもめっちゃ落ちてましたって言うじゃない？　そんなん、どうかなと思うよ。野村さんに言われて、あ、なるほどな、と思ったんです。自分の真っスラも、真っすぐを投げていたら、なってた、ということですよ」

左のサイドから繰り出す、打者の手元で小さく左右に曲がる球。その「自分の特徴」が分かれば、打者への対峙《たいじ》の仕方も見えてくる。己の基準ができるのだ。

「だから、扉が開くのがどこか、というのは分からないんですよ。開いたというより、よく考えたら、あのポイントやったんやな、と思うじゃない？」

ルーキーイヤーの大活躍、低迷、トレード、打者転向、古巣復帰、サイドハンド転向。自らの投球スタイルを見つめ直し、野村から「金言」も授けられたことで、生きる道がはっきりと見えてきたのだ。

その〝長い模索〟は、決して無駄なプロセスではなかった。

出戻りからの「カムバック賞」とオールスター出場

1999年、遠山は63試合に登板。巨人・松井を13打数ノーヒットに封じ込めた「松井キラー」は、プロ14年目にして「カムバック賞」も受賞した。

ロッテで野手をやっていたことも、野村はフルに活用した。

1999年5月19日の広島戦（鳥取・米子）で、遠山の特性を生かした〝奇策〟を、野村は繰り出したのだ。

阪神が5—0とリードして迎えた7回のことだった。

先発の井川慶《いがわけい》（茨城／水戸商／97年2位）が無死満塁のピンチを招き、打席には左打者の前田智徳。この場面で、野村はまず遠山をマウンドに送り出した。

前田を二ゴロに打ち取ると、次打者は右の江藤智《えとうあきら》。ここで遠山から右の伊藤敦規《いとうあつのり》（愛知／熊谷組／97年移籍）にスイッチ。遠山はマーク・ジョンソン（米国／ダートマス大／99年入団）に代わって、一塁の守備に就いた。

伊藤が江藤を三ゴロに抑えると、続く打者は左の金本知憲。すると遠山が一塁からマウンドへ戻り、一塁には大豊泰昭《たいほうやすあき》（台湾／名商大／98年移籍）が入る。

遠山は金本を三ゴロに抑えてチェンジ。無死満塁から、3連続内野ゴロで2点は失ったものの〝ジグザグ継投〟が功を奏し、阪神は見事に勝利を収めた。

野村阪神の3年間で「一塁遠山」は1999年1度、2000年7度、2001年1度の計9度、実行されている。

後にこのスペシャルリレーの〝代名詞〟になる「遠山―葛西《かさい》―遠山」のパターンが登場するのは、翌2000年のことだった。

右のアンダースロー・葛西稔《みのる》（青森／法大／89年1位）との「遠山―葛西―遠山―葛西」の〝折り返し継投〟で、葛西がセーブを挙げて締めくくったのも4試合を数える。

54試合に登板した2000年には初のオールスター出場、2001年にも52試合に登板するなど、野村阪神の3年間、遠山はフル回転した。

「タイガースの力って、すごく大きい」

野田がオリックスに移籍した1993年、キャンプ地が沖縄・宮古島に移った。

当時、イチローがまだブレークする前だ。だから、話題は野田だけといってもいい。沖縄本島から飛行機で40分。他球団がキャンプをしているわけではない。

「キャンプが一番、衝撃でしたね」

宮古島のブルペンの脇に、プレハブ小屋がある。投手はそこに荷物を置き、練習の合間に汗をかいたアンダーシャツを着替えたり、一息つくスペースでもある。

そうした〝プライベートゾーン〟には、ファンや報道陣が近づきすぎないよう、阪神のような超人気球団なら、規制線が張られ、警備員が立っていたりする。

ところが、オリックスの投手小屋は、窓も入り口も全開状態なのだ。

「おーい、野田君。どんな感じ？」

ブルペンで投げると、各社1人しかいない担当記者が、それこそ2、3人、質問に来るだけで「記者が、ぽろぽろとしかいませんでしたね」

阪神だと、いつも気になった「周囲の目」が、途端になくなったのだ。

「やっぱり当時って、セとパでだいぶ差があったし、しかも阪神は人気球団でしょ？　これは、オリックスに行って感じたことなんですけど、阪神時代に成績もそんなに大したことがないのに、やっぱりちやほやされて、なんかどこかに、現状に満足してしまっている自分がいる、とかね。知り合いの方たち、親しい方たちに、何かといろいろな面で支えてもらうことが、ホントによくありましたからね」

プロ野球選手だから、もちろん、体のケアや食事には必然的に〝投資〟が多くなる。それらを物心両面でバックアップしてくれる人たちが、阪神のような人気球団の主力選手ともなってくると、必然的に増えてくるのも、また確かなのだ。

それが、いわゆる「タニマチ」といわれる存在だ。

そうした恵まれた環境に、いつの間にか慣れてしまっている。野田は、オリックスという、また新たな環境に身を置くことで、自らを見つめ直すことができたのだという。

「これは相反するかもしれないけど、プロ野球っていう特別な世界に入ったからこそ、いろいろな方と知り合うことができた。やっぱり『タイガースの力』って、すごく大きいじゃないですか。人生において、いろいろなことを教えてもらった。20歳の若造で入って、普通の社会では経験できないようなことをいっぱい経験させてもらった。それは野球に関してもそうだけど、野球以外の面でもやっぱり大きいですね。それは絶対に言えます」

だから野田は、高校から社会人、阪神からオリックスという自らのキャリアが「順番的によかったんじゃないですかね」という。

1993年、17勝で最多勝。

1994年、12勝。

1995年、10勝をマーク。1試合19奪三振の日本記録（当時）を樹立、リーグ優勝。

１９９６年、８勝。日本シリーズ第３戦では勝利投手に輝き、日本一。

「ただ、タイガースから来て、なんぼのもんやねん、みたいな空気もないでもなかったですし、そういうプレッシャーは多少あったとは思いますけどね」

阪神で積み重ねてきた力が、まさしく解放されたかのような活躍だった。

やっぱり「阪神の遠山」「阪神の野田」

野田は、オリックスに移籍した後、春のオープン戦で阪神と対戦すると、やたらと阪神ファンが声援を送ってくれることが、たまらなく嬉しかったという。

「明石球場（現明石トーカロ球場）とか高砂球場で、オープン戦があったんですよ。そしたら、阪神ファンがぶわーっと球場に入っているけど、めちゃめちゃ、激励されたのを覚えているんですよ」

甲子園で打たれたときには容赦なくヤジってきた阪神ファンも、なぜか〝元阪神〟の選手となると「すごく優しいんですよね」というのが、野田の実感でもある。

「お前、なんで阪神であれがでけへんかったんや？」

やっかみなのか、励ましなのか。

そんな嘆き交じりの声援まで飛んできて「ま、心地よかったですね」

遠山も「ちょうど、高校の選手の親世代に効くんですよ、阪神って」と、その〝衰えないブランド力〟を、改めて感じさせられる日々なのだという。

「ある意味、円の中でただ単に回っているだけかもしれんよ。だから、今だったら、浪速高校があって、ちょっと、こう、輪が広がったというかな。でも、関西だけやで、阪神の1位って分かるの。だから、タイガースの力なんです。そう思わん？　俺、ホントにずっと『タイガースの遠山』なんですよ、元阪神、ね」

遠山はロッテからの出戻り、野田はオリックスで現役を引退した。だから、厳密に言えば2人とも「生え抜き」の虎戦士ではないのだ。

なのに、遠山にも野田にも、いまだ「元阪神」という「看板」がつくのだ。

その根底にある、関西という「風土」の力を、次章で探ってみる。

HANSHIN

第2章

風土

——関西のノリに戸惑う〝関西以外の出身者〟

TIGERS

藤田太陽

（ふじた・たいよう）

1979年11月1日生、秋田県出身。
新屋高〜川崎製鉄千葉（現JFE東日本）から2000年逆指名で阪神入団。
2009年途中から2012年まで西武、2013年はヤクルト。
阪神9年間で46試合登板、5勝9敗。

—

藪恵壹

（やぶ・けいいち）

1968年9月28日生、三重県出身。
新宮高〜東京経済大〜朝日生命から1993年逆指名で阪神入団。
2005年オークランド・アスレチックス、
2008年サンフランシスコ・ジャイアンツ、2010年東北楽天。
阪神11年間で268試合登板、84勝106敗。

—

谷村智啓

（たにむら・ともひろ）

1947年8月3日生、兵庫県出身。
報徳学園高〜関西学院大〜鐘淵化学から1970年1位で阪神入団。
1980年から1985年まで阪急（現オリックス）。
阪神9年間で301試合登板、56勝66敗3セーブ。

ＪＲ富山駅前でレンタカーを借り、カーナビの案内音声に従いながら東へと向かう。

雲一つない青空をバックにした北アルプス連峰の美しい山並みが、真正面に見えている。

フロントガラス越しに見えるその壮大な光景は、見知らぬ街で車を走らせている不安を拭い去り、むしろ快適な、落ち着いた気分にもさせてくれた。

幹線道路の両脇には、全国展開でおなじみのファストフード店が立ち並び、コンビニエンスストアが点在している。どことなく見慣れたそんな風景も途切れてきた頃から、カーナビが指示する道も次第に細くなり、行きかう車が目立って少なくなってきた。

道路の脇をのんびりと歩いているのは、きっと地元の人たちだろう。

時が、緩やかに流れているような気がした。

「僕は、ここがいいです」

藤田太陽とは、今回の取材が初対面だった。

思い込みは、取材の邪魔になる。先入観をもって、一定の方向へ話を運ぼうとするようなことだけは、絶対にしたくはない。

上《かみ》市《いち》町《まち》・丸山総合運動公園は、サッカーや陸上競技が可能な多目的広場、総合体育館、テ

ロキテクノ富山の練習風景

ニスコートに、橇《そり》で滑り降りることができる人工芝ゲレンデやバーベキュー広場もある。

その広大な敷地の一角に、藤田が率いる「ロキテクノ富山」が練習に励む野球場がある。

緑の木々に囲まれた球場横の駐車場に車を停め、外に出た。

澄んだ空気をぐっと吸い込んだその時、運転しながら感じていた〝富山での直観〟が、なぜかしら、確信に近いものへと変わった。

「『阪神タイガース』という華やかな舞台よりも、こっちの方が好きなんですね?」

「その通りですね」

藤田太陽は、その不《ぶ》躾《しつけ》な質問にも、笑いながらうなずいてくれた。

「テレビ局は、よく阪神の試合とかやってるじゃないですか。引退してから、ああいう（解説者の）話を、実は僕、いただいていたんです。でも、そういう『表』に出るのって、もういらなくて。そもそも出たい方じゃないんですよ。多分、多少なりとも僕のことをメディアを通して知ってくれている人、世間は、派手なイメージをしていると思うんです。でも僕は、あまり出たいタイプじゃないんです。ホントの性格は、秋田の人間ですから、そもそもがね。だから僕には、ここがちょうどいいんです。ちょうどいいというか、最高の舞台です。僕は、この方がいいんです。緑がいっぱい、ある方がいいんです」

バットの芯を捉えた、打球の「カーン」という澄んだ音が、富山の空に響きわたる。投球を受ける捕手のミットの「バスッ」という重低音が、周囲の空気を揺るがせる。選手たちが、スパイクで土を「サクッ」とける小気味いい音も聞こえてくる。ふとした静寂の後、鳥と虫の鳴き声のハーモニーが、周囲の空気に溶け込んでいく。

藤田太陽は、この地が性に合うのだという。

おらが町のチームで

富山・上市町の東南部には、標高２９９９メートルの名峰・剱岳《つるぎだけ》を擁する北アルプス連峰がそびえたっている。風光明媚《ふうこうめいび》なその町は、面積約２３７平方キロメートルのほとんどを、山地が占めているという「特別豪雪地帯」でもある。

県の玄関口・ＪＲ富山駅から、車で東へおよそ40分。

２０２１年２月に同町が発行した「上市町人口ビジョン」によると、２０１５年時点で、65歳以上の人口を示す高齢化率は「33・６％」で、全国平均より７・０ポイント、富山県平均より３・１ポイントも高い。

２０２３年２月１日現在の人口は１万９２０５人。

１９８０年は２万４０２８人だったから、43年で約５０００人の減少となる。つまり毎年、１００人近くの人口が減っていく計算だ。

少子高齢化の波は、まさしく現在進行形で襲いかかっている。

１９７８年12月創業で「各種産業用精密ろ過技術」を生かし、液体のフィルターやカートリッジを製造する「ロキテクノ」は、この上市町が創業の地だという。

富山県内にも工場を２つ持ち、海外進出も果たしている。

２０１２年に設立された「ロキテクノベースボールクラブ」が「ロキテクノ富山」として企業チームに登録変更されたのは２０２１年のことで、藤田の監督就任は２０２０年12月８日付。つまり、企業化したチームを本格的に強化するために招聘《しょうへい》されたというわけだ。

創業の地で野球をやるという会社のロマンと意気込みが、強く伝わってくる。そこからわずか2年足らずで、藤田は社会人の最高峰・都市対抗へとチームを導いた。

「多分、周りの誰もがまだまだ無理だろうと思っていたと思います。クラブチームの時から、必ず企業化して、都市対抗に3年以内に出られるチーム作りというのを考えていました。でも選手のリクルートを含めて、実績のある子を獲れるチームじゃない。まずはガッツがあって泥くさくやれる子。そういう選手を選定して、北信越を中心に大学を回りました。やっぱり技術はもちろんですけど、人間としてのところがだいぶ大きいですよね。頑張れるか頑張れないか、ですから」

藤田太陽

北信越地区の代表枠は、わずか「1」。まず1次予選で、長野から3、新潟から2、富山、石川、福井を1ブロックにして、そこから3チームが2次予選に進み、計8チームで2次予選が行われる。

しかも、2次予選はトーナメントの一発勝負だ。

「一番キツイんです。つぶし合いで、力も拮抗しているんで」

その激戦を勝ち抜いた〝おらが町のチーム〟の快挙に、小さな町が沸いた。

ロキテクノ富山の選手名鑑が作成され、大会前には町の全戸に配布された。

地元の旅行社が企画した応援ツアーは、町民１０８人が参加してのバス４台。参加料は１人３０００円だが、町が１人あたり１万７０００円を助成している。

地域の一体感を生むには、これほど誇れる「コンテンツ」はない。地域密着のスポーツとは、まさしくこの「ロキテクノ富山」のような存在だろう。

藤田は、この上市町の球場近くに会社が借り上げたアパートに単身赴任している。

「夜は星がきれいですよ。虫の鳴き声で、季節が分かります」

２０２２年からコーチに就任した細《ほそ》川《かわ》亨《とおる》は、西武から福岡ソフトバンク、東北楽天、千葉ロッテの４球団で19年間にわたってマスクをかぶり続けた名捕手で、藤田とは西武時代にバッテリーを組んでいる。

青森出身の細川とは、休みになると一緒に釣りやゴルフを楽しみ、夜の部屋では酒を酌み交わしながら、チーム作りを話し合う。

阪神と巨人が、激しい争奪戦を繰り広げた剛腕は、ここで野球に向き合っている。

日があたっていたという記憶はない

ロキテクノ富山の選手たちは、平日5日のうち、3日はフルタイムで仕事に従事する。週末を含め、グラウンドで全員が練習できるのは4日だけだ。

企業化されたばかりのチームには、高校や大学時代のスター選手はいない。

「富山に来て、この田んぼの中で、覚悟を決めて野球をやるってことは、そういうことなんです。大学から社会人野球に行く選手って、要はアマチュア野球のトップじゃないですか。そこでやる覚悟っていうものが感じられない子は、能力があっても僕は獲らないです。大学生と面談して『何がなんでもプロに行きたい。それには高いレベルでやりたいです』となったら『じゃ、トップ企業に行った方がいいよね』という話になる。ウチには、ウチに合った選手がいる。『どこでも野球ができれば幸せです』って言う子は、こういうところに来た方がいいです。性格は、ちゃんと見なきゃダメです」

だから、藤田自らが大学や高校を訪問し、その目で見て、興味を持った選手とは面談を重ねる。野球への思いや覚悟を聞き取った上で、採用するかどうかを決めるのだ。

「スタートから出来上がった選手を獲ってきて、経験を積ませてプロに行かせる、という場所じゃない。ホントに何もないところから耕してなんで、やりがいはありますよね。みんな、仕事をきっちりやって野球もやっている。そういう意味でも、都市対抗に出たチームの中で、一番仕事をしているメンバーじゃないかと思いますよ。もちろん、野球をする時間を増やしてあげたいという思いは僕らスタッフにもありますし、これでもちょっとずつ、今、増やしている最中なんです。会社の協力プラス、勝って知名度を上げていかないといけないですし、それは広告としても、なんです。彼らが今、その基礎を作っている段階で、一番しんどいところをやって、そのやっていた一歩で、都市対抗を勝ち取ったところなんです」

藤田は、本社経営企画室の広報を務める一社員の立場でもある。

野球好きの担当者がいると聞けば、営業担当とともに会社を訪問することもある。阪神のドラフト1位の藤田太陽が来るとあれば、営業先だって喜んでくれる。

「いろいろなところで、いろいろな方とお会いする機会がありますけど、だいたい皆さん、同じことを言いますね」

阪神のドラフト1位なのに、なんか普通ですね。

プロ野球選手だったから、もっと派手かと思いました。

すごいキャリアなのに、なんかとても静かな方ですね。

　今回の取材で初めて藤田と会った私も、同じ印象をもった。阪神タイガースのドラフト1位というその輝かしいキャリアと、目の前にいる藤田の醸し出す空気感とが、どうしても結びつかないのだ。

　質問が失礼続きなのは承知で、その「落差」は感じないのかと尋ねてみた。

「分かります。その通りです」

　藤田が、大きくうなずいた。

「タイガースということを考えると、確かに華やかで、大して頑張っていなくても、ちょっと、こう、ちやほやされたりとか……。でも、正直に言うと、僕、阪神で日があたっていたというのは、一度も思っていないんですよね。僕の（アマ時代の）実績って、日本代表で投げたくらいしかなかった。阪神に入って、即戦力と言われて、自分の葛藤というか、肘の痛みを抱えながら『そんなに言われるほどじゃないのに』と思いながら、なんか、ふわーっとプロの世界に入ってしまったというか……。もちろん、苦労しますよね」

　藤田の思いを反芻《はんすう》しながら、気づかされたことがあった。

「阪神」という環境が、その人にフィットするか否か、という問題がつきまとうのだ。

「僕の人生の中では、阪神の苦しかった思い出が、僕の今を作っている。だから多少なりとも、こういう実績のない子たち、くすぶっている子たちをグッと上げてやりたい。都市対抗とかに行って、今、自信をもってプレーしている。もちろん、うまくいかないこともいっぱいありますけど、僕があの時、阪神でプレーをしていなかったら、こうやって人の気持ちを分かる指導者にはなれなかったかもしれない。そういう意味では、基礎を作ってくれたのは、僕の過去、どういう過去って言えばいいかな? くすぶった過去というか、暗かった過去ですかね。それがあったから、我慢することが大事だというのも覚えたんです。

もともと、すごく僕、短気なんです。なぜか阪神の時、ずっとイライラしていたんですよ。怒ることで、自分が得することって、まず一つもない。『なんだよ』って思って、それを出してしまうと『なんだよ』って返ってくる。いいことって、まずないんです。そこで『すみません、頑張ります』と言えばすむんです。そういう我慢の仕方が正解かは分からないですけど、あの組織ではそれが必要でした。自分の身を守るためにも」

阪神での挫折を、藤田はきちんと振り返り、昇華させ、言語化してそれを今、選手たちに伝えている。それだけの時間と経験を、しっかりと積み上げたのだ。

「正直、西武の方が成績を残しているんです。だけど『阪神タイガースの』って言われるし、こうやって取材を受けたりするのもありがたいことです。僕、阪神タイガースのことが大好きなんです。でも、阪神タイガースの選手としてはうまくできなかった。うまくやりたかったんですけどね」

関西弁じゃないスカウトだったから入団した

藤田太陽は、２０００年ドラフトで阪神を「逆指名」して入団した。つまり事実上の「ドラフト１位」と言っていい。

当時は、高校生以外の選手を2人まで、ドラフト会議以前に契約締結ができる「逆指名制度」だった。つまり、選手が希望球団を選んで逆指名し、その球団がドラフト指名することで、入団する球団が確定する。

藤田は、秋田・新屋《あらや》高から社会人の強豪・川崎製鉄千葉（現ＪＦＥ東日本）へ進んだ。

日本代表として、世界を相手に戦ってみたい。その夢を叶えるため、藤田は両親に、社会人で「3年間だけやらせてほしい」と懇願した。

結果が伴わなければ、地元・秋田に戻ってレスキュー隊員になるか、あるいは体育教諭になるために日本体育大学を受験するという〝次の道〟まで両親に示したのは、期間を区切り、退路を断つという強い覚悟でもあった。

　1999年10月に大阪で行われた「4か国・地域国際野球大会」で日本代表に選出された藤田は、続く11月にオーストラリアで開催された「第14回インターコンチネンタルカップ」、翌2000年2～3月に台湾で開かれた「4か国・地域国際野球大会」でも、日の丸を背負った。

　着実に成長のステップを歩み続けていた右腕に、プロ全球団が注目した。

「千葉に住んでいて、ロッテさんからも話を頂いたんです。千葉は住みやすいし、いいなと思ったんですけど」

　当時の心境をそう振り返った藤田だが、パ全球団の誘いをまずは断ったという。

　その頃はまだ、全球団の試合中継が見られるような時代でもなく「秋田では、パ・リーグはテレビが映らない。親が見られないんで、先に断りました」

　最終的に藤田の獲得を争ったのは、阪神と巨人だった。

「佐野《さの》さんだけが、最後の最後まで、いい時も悪い時もスタンスを変えずに『頑張れよ』って言い続けてくれたんです。あの人も群馬の方なんで、言葉も別に関西弁じゃないし、僕は波長がすごくあって、なんでも話せる親父みたいな感じだったんです」

藤田が慕った佐野仙好《のりよし》は、１９７３年に阪神からドラフト１位指名を受けている。ちなみにその年の６位指名が、習志野高・掛布雅之だった。

群馬県高崎市出身の強打の三塁手は、中央大から阪神へ入団。掛布の台頭で外野へと守備位置を移すと、１９８１年に設定初年度だった「最多勝利打点」のタイトルを獲得。１９８５年には、バックスクリーン３連発に象徴されるランディ・バース、掛布雅之、岡田彰布のクリーンアップを擁する強打線で、佐野は「６番」を担い、日本一に貢献した。その勝負強さは、阪神に不可欠なプレーヤーの一人だった。

１９８９年に現役引退。その後、コーチとスカウトを歴任した。

私も佐野に取材をする機会は多かったが、言葉数が決して多い方ではなく、こちらが求めるようなコメントやリップサービスとは無縁な、実直なタイプだ。

だから、東北出身の藤田には、佐野とちょうど〝いい感じ〟の距離感が取れたのだ。

「僕は、佐野さん（がスカウト）じゃなかったら、阪神に行っていません。でも、関西に行ってみたら、佐野さんみたいな方、一人もいませんでした」

そこが、藤田にとって〝最初の戸惑い〟だった。

「なんでみんな、攻撃的にしゃべるんだろう」

私は、神戸生まれの神戸育ち。もちろん、普段からバリバリの関西弁だ。

東京の人たちによく言われたのは「関西の人って、ちょっとなれなれしいよね」

一般論をかざしながら、やんわりと、私にも注意しているのだろう。人と人との関係、親しくなるまでの最初の距離感、そのアプローチがちょっと近いのだ。

「うん、まあ、そうですね。今、おっしゃっていただいた通り……ですか」

藤田も苦笑いを浮かべ、答えにくそうにしている。

「関西の空気とか、しんどいでしょ?」

そうやって、ぐいぐい聞かれるのも、ちょっと苦痛なのかもしれない。

「関西人というより、関西弁というか、社会人の時にもちろん、関西出身の方はいらっしゃいましたけど、僕自身、関西の方とほぼ接したことのない状態で阪神に行ってるんですよね。住んでみて特に思ったのは、なんでみんな、こんな攻撃的にしゃべるんだろうと思ったんです。最初は面食らいましたね。なんでこんなこと、言われなきゃダメなんだって」

藤田が例に挙げてくれた問答は、関西人あるあるというか、もはや普通の会話だった。

練習中、ふと気が緩むときだってあるだろう。何の気なしに、一息つく時もあるだろう。

「おい、太陽、何しとんねん」

関西の〝ネイティブ〟なら、こんな感じで軽く返答できるだろう。

「いや、すんません。ちょっとぼーっとしてましたわ」

ちょっとした合間の、ちょっとした挨拶というか、ちゃんと見てるよ、という、話しかけた側のアピールでもあったりする。

別に他意もなく、深い意味もない。しかし、秋田出身の藤田には、その口調が怒られているかのように、威圧的に聞こえてくるのだという。

「多分、関東で『何しているんだよ？』って言われるのと、一緒なんですよね」

こういう小さな違和感が、日々、少しずつ積み重なっていくのだ。

文化人類学的な視点から、都道府県民別の性格や特色を分析、解説した『県民性』（祖父《そふ》江《え》孝《たか》男《お》著・中公新書）にも「独特の大阪弁のニュアンス」について言及した部分がある。

東京語で「バカ！」と言われればたちまちケンカになるけれど、大阪弁で「阿呆《あほ》！」と言われても、なにやらハッキリしない。「さよか」なんてことばは、イエスかノーかはなはだアイマイで、要するに、どちらにころんでもいいようにヌラリクラリとさせたまま、つぎに会うときまでの線をちゃんとつないでおくことができる。

藤田の故郷である秋田人の分析にも、もちろんページが割かれている。

> ものごとになかなか決断つかず、したがってとりかかるまでは大変だが、いったん重い腰をあげると粘りに粘りぬく。〔中略〕また仲間意識はひじょうに強く、封鎖的で、仲間のうちだけの社交がきわめてさかんなことが特色だ、と指摘する人が多いようだが、この点はこの県の県人会をみるとあてはまるようだ。

もちろん、すべての大阪人と秋田人が〝こうだ〟と断言しているわけではない。

しかし、生まれ育ってきた環境、気候、人々の気質、食生活といった文化的な背景が違えば、考え方や行動が違ってきて然るべきだろう。

私のように神戸で生まれ育った人間は、阪神という関西の球団を取材する時でも、その雰囲気や空気感に違和感めいたもの――「風土の違い」を、ほとんど感じる機会がない。

「関西に住んで、ちょっと経つと、全然そんなことはないんですよ。嫁さん、関西人なんです。でもヨメは、どちらかと言えば、ずっとしゃべってる関西人なんです。僕はそれに『ほーっ』って言うくらいで……。すると『なんでしゃべらんの？』って、すごく言われます」

藤田の戸惑いも分かるが、関西人の奥様の気持ちも、こちらとしてはよく分かる。これも関西人あるあるで、会話の継《つ》ぎ目の静けさが、ちょっぴり耐えられないのだ。

「ヨメ、よくしゃべります。楽しいですけどね。でも、うるさいのはうるさいです」

そんな藤田だからこそ、ドラフト1位で飛び込んできた「阪神」と「関西」という環境の中で、たくさんの「？」が、自分の心のうちで飛び交ってしまうのだ。

「独特だと思うんですよね。1位にしか分からない、何かがあると思うんです。そんなもん、関係ないっていう人もいっぱいいらっしゃいますし、プロに入ってからが勝負や、って言われるんですけど、なんか、僕が、でも……。しんどかったのは……」

その時の〝衝撃〟を聞けば、藤田が「ホント、誰ともしゃべらなくなるんですよ」というその本心が、イヤと言うほど分かってくる。

知らない人が、自分のことを知っている

最初は「太陽」という、そのファーストネームに焦点があたった。

「今って、変わった名前っていうんですか？　いっぱいいますけど、やっぱり『太陽』って名前、イジりやすいじゃないですか」

つい、うなずいてしまった。これも、スポーツ紙の〝良くないあるある〟だ。

調子がよければ「太陽、昇った」となり、調子が悪ければ「太陽、沈んだ」

上げては落とす、落としては上げる。抑えれば神様、打たれれば戦犯。

それが、阪神という超人気球団にはつき物でもある。藤田の担当だった佐野もドラフト1位だから、その周囲の雑音を実感として分かっている。

「それはそれ。書かれるのも、そういううちだから」

ことあるごとに、佐野が藤田に声をかけたのも、その記事や報道の一つ一つでルーキーの心が揺れ動いてしまうのが、分かっていたからだ。

そんなもんだと、思えばいいのだ。

しかし、秋田で生まれ育ち、千葉で社会人生活を送った藤田にとって、初めてやって来た関西というその環境は、驚きと戸惑いの連続だった。

1月の合同自主トレから2月のキャンプと、何かとルーキーの話題が取り上げられる。

ある時、藤田は両太ももに張りが出たのだという。

トレーナーとも今後のトレーニングについて話し合い、今後3日間は大事を取って、ボールを投げない「ノースロー調整」を行う方針を確認したという。

ドラフト1位ともなると、そのクールの初日や最終日に、調整ぶりや初めてのキャンプ生活についての感想を聞かれる会見が行われる。

「張りがあるので、ペースを落として、このクールだけは無理をしないようにやっていこうと思います。トレーナーとも話してそうなったので、そうしていきます」

報道陣の前で、その事実を淡々と告げた。

なのに翌日、スポーツ紙には仰天の見出しが躍っていた。

「太陽、マイペース調整」「ルーキーのオレ流調整」

その記事を読んだ先輩が、藤田にこう吐き捨てたそうだ。

「いい気なもんやな、お前な」

勝手に練習するなんて、一言も言っていない。大事に至らないよう、練習のペースを少し落とすだけで、トレーナーや首脳陣も了承ずみのことなのだ。

それが、まるで藤田の独断で練習のペースを落とすかのような、全く逆のニュアンスになってしまっているのだ。

「うわ、そんな世界なんやと。うそー、って思いましたね。そういうのが、実はイヤだったんです。そうなるんか、と思って……」

　何か言っても、曲解されてしまう。

だから、しゃべらなくなる。しゃべれなくなる。もともとが、口数の少ないタイプなのだ。

　キャンプ休日に、選手宿舎近くのコンビニエンスストアに足を運んで雑誌を買おうとしたら、じろじろと見ている人がいる。藤田の持っている雑誌を覗き込むようにしていたという。

「何買った、まで見られたりするんですね」

　誰かが、見ている。そして、知らない人に声をかけられる。知らない人なのに、自分のことを知っているというその環境は、次第に窮屈《きゅうくつ》さを増してくる。

「人の目を気にしないでおこうと思っても、人の目があるのがあの状況。誰もがこう、見られている状態で、ホントになんか、自由はないですね。そんな経験をしたくてもできないですが、これも今思えば、なんですよ。当時は苦しかったです。そこまで僕の心も強かったわけじゃないし……」

どれもこれも、野球という本業には関係ないことでもある。その野球以外のところで、まだシーズンも始まっていない、それこそ前段階から、これだけ神経をすり減らすのだ。

藤田と2001年からの4年間、阪神で一緒にプレーした藪恵壹《やぶけいいち》も、こう証言する。

「よかったんですよ、太陽は。もっとホントはできたと思いますよ。もっともっと環境がよければ、ホントにもっとできた。素質はあったんです。1位は、ホンマに大変ですよ。ドラ1の1年目は。見失う時がありますからね、自分を。戸惑いは絶対にありますから」

そう後輩を慮《おもんばか》った藪は「俺の根底は、関西にあるからね」

その「関西」の影響力を問う私の阪神論に、大きくうなずいてくれた。

〝阪神のエリア〟近くで育った藪

藪恵壹は「逆指名ドラフト」の1期生である。

後の第3、4章で登場する関東担当の元スカウト・菊地敏幸《きくちとしゆき》の太い人脈を生かした熱心なアプローチを受け「この人を裏切るわけにはいかない」と巨人や近鉄の方が条件はよかったにもかかわらず、阪神入りを決断する。

藪恵壹

東京経済大から朝日生命と、決して日のあたるキャリアを歩んできたわけではない右腕だが、暗黒時代といわれた当時の阪神で、１年目の１９９４年に９勝を挙げ、新人王に輝く。

１９９６年からは３年連続で２桁勝利。優勝した２００３年にも８勝を挙げるなど、阪神のドラフト史上でも成功例の一人だが、その出身地は三重県だ。

関西２府４県と称されるが、２府は大阪と京都、４県は兵庫、滋賀、奈良、和歌山。三重は近畿ではなく、愛知、岐阜との「東海３県」を形成している。

ただ、関西のニュース番組での天気予報には、必ず「三重」も入っている。さらに藪の生まれ育った南牟婁郡《みなみむろぐん》御浜町《みはまちょう》という地理が特殊なのだ。

橋を渡れば、すぐに和歌山県に入る。しかも藪は、越境で新宮《しんぐう》高校に進学している。

テレビも「両方映るんですよ」。つまり、東海と関西の両エリアの放送が見られるのだ。

だから、土曜日の昼には「吉本新喜劇を見ていました」

その一方で、名古屋ローカルの中日ドラゴンズの特集番組も放映されている。

「だからウチのばあちゃんなんか、ドラゴンズなんですよ。木俣《きまた》さんのファンでね。テレビを見たら、週刊ドラドラなんとか……とかやってるんで、それを見るじゃないですか。そうすると『木俣さんがこう言うとった』とか、そういうことを言うわけですよ」

木俣達彦《たつひこ》は中日一筋19年、通算２８５本塁打を放った強打の捕手として名をはせ、現役引退後は、名古屋を中心に野球評論家を務めている。

だから、東海地方で「木俣」といえば、顔も名前もすぐに浮かぶ存在なのだ。

ところが、橋を渡ると和歌山県。新宮や勝浦は、温泉やマリンスポーツを目当てに、大阪からなら日帰りでも行ける、実に手頃な観光地でもある。

「和歌山に入ると、途端に阪神ファンが増えるんです」

当時、勝浦には掛布雅之がオフに釣りを楽しんだり、あるいはシーズンの疲れをいやすオーバーホールのため、温泉にやって来たりしていたという。

そういった情報が、瞬く間に広がっていく。

実家の御浜町から隣県の新宮市まではわずか12キロ。30分もあれば着く。

つまり、そこは〝阪神のエリア〟なのだ。

「関西のノリ」が理解できるかどうか

藪は、1月の入寮当日に〝ゲリラ取材〟に遭遇したという。

実家の新宮から、JRの特急「くろしお」に乗って、天王寺《てんのうじ》に到着した。

ここから大阪市営地下鉄に乗り換え、御堂筋《みどうすじ》線で梅田に出て、そこから阪神電車で甲子園というルートのはずだった。

天王寺に着くと、なぜか知らない人から「藪君、こっちへ」と声をかけられた。

「改札を通る前ですよ。プラットホームに降りた時から、テレビカメラが回っていたんです。それで俺、関西テレビの人にそのまま連れて行かれたんですよ」

駅の外で停まっていたバンの後部座席に乗せられた。しかも、事前にこうした取材があるとも、なんとも聞いていない。

「そこから高速で、ずーっと甲子園までですよ」

しかも、テレビでよく見た有名なアナウンサーがついていたのだという。

「藪君、甲子園が見えてきましたけど、どうですか?」「まあ、球場……ですね」

プロの世界に入ったばかりのルーキーに、当意即妙のコメントなどできるわけもない。

「どうもこうも、ないですよね。でも、これが関西です。まあ、電車代が浮いたし、まあええわ、と思ってましたけど、後であれ、広報にめっちゃ怒られてたみたいです。ま、向こうも確信犯。僕のコメントもひどかったですがね」

やったもん勝ち、といったところか。

球団広報のお小言を受けても、インパクトがあればそれでいい。いい意味でも悪い意味でも、それが〝関西の悪ノリ〟だったりする。

関西人なら、それは分かるのだ。ただ、予測できない怖さもある。

「異常やもんね。１位はホンマ大変。特に１年目ですよね」

藪なら「こんなもんかと思える」ノリが、藤田には〝驚き〟となる。

この「出身地の違い」が、阪神という人気球団の特異な環境と掛け合わさり、決して見逃せない重要なファクターになってくるのだ。

「ちょっと見失う時はありますよね。戸惑いは絶対にあります。でも、ある程度は想像はできました。社会人時代でも同じですけど、人間同士なんで、そういうマスコミの人たちとの対応というか、そういうのも、顔と名前が一致すればちゃんとしゃべれるようになってくるし、ぶら下がりの取材の中で、知らない人もたくさんいましたけど、それは徐々に覚えていけばいいかな、という感覚でもやっていましたから」

藪のように、関西のエリア内で育ち、大学、社会人も経てという、社会経験をある程度積んだことで、この〝域〟に達していることは、実に大きい。

藪も藤田も、声を揃えたのは「高校生では無理」という見解だった。

「何も分かってないじゃないですか。そんな子、いっぱいいるんですよ。高校生だと、それこそ、自分の才能だけしかないじゃないですか。そんな子、いっぱいいるんですよ。いきなりここへ入れられたら、舞い上がるよね。絶対に舞い上がってしまう。僕は遠回りしましたけど、遠回りしてないと無理でした。おかしくなりますよ、絶対。僕だったら、無理でした」（藪）

「今は分からないですけど、あくまで当時は、ですよ。無理でしょうね。よっぽどじゃないと無理です。ホントにやんちゃなくらいじゃないと……。コテコテの関西人、気の強い、気の荒い、負けん気の強い子じゃないと、高卒では厳しいと思います」（藤田）

周囲のスピードと、これまでの体験とのギャップで、己の立ち位置や進んでいる方向が見えなくなってしまう。自分を確立していなければ、流されてしまうのだ。

そこに「関西」という風土が、大いに影響してくる。

そのノリや空気感を、肌感覚でつかめていない他地域の出身者にとっては、そこから生まれるハレーションは、決して無視できない。

　あらゆる雑音が、阪神という環境では、増幅されてしまうのだ。

雑音を封じ込める強さを持てるか

　藤田太陽は、秋田出身、社会人は千葉、そして阪神。

　藪恵壹は、三重出身、高校は和歌山、大学と社会人は東京、そして阪神。

　このキャリアを踏まえた上で、改めて2人の述懐を読み返してみれば、その「関西」という環境が与えるインパクトの大きさが、分かってもらえるかもしれない。

　その〝風土論〟を考えていく中で、阪神のドラフト1位の中で、高校、大学、社会人、プロ、引退後のすべてを「関西」だけで過ごしてきた、唯一無二の存在がいる。

　1970年のドラフト1位・谷村智啓がその人だ。

　兵庫・報徳学園《ほうとくがくえん》高で2度甲子園に出場。西宮《にしのみや》市を南北に突っ切る武庫川《むこがわ》のすぐ西沿いに報徳学園高があり、そこからおよそ3キロ西に位置するのが関西学院大になる。社会人でプレーしたのは、兵庫・高砂《たかさご》市にある鐘淵《かねがふち》化学《かがく》（現カネカ、野球部は1992年解散）だ。

　プロ入り後も阪神に9年在籍した後、1980年に阪急へ移籍。引退後は阪急、オリックスで2軍投手コーチ、スカウトを歴任する。

つまり、谷村の野球生活は、阪神の本拠地である「兵庫県」で完結しているのだ。

「そや。ずーっとこっちや。小2から、巨人ファンや。今も巨人マニアやで」

己のキャリアと比較させながら、つかみでちょっとだけ笑わせるのも、関西人の会話の枕には欠かせないネタでもある。

谷村智啓

「不思議にな、関西で大学の時も鐘淵化学の時も、騒がれへんかったんよ。けったいなフォームでな。『フラミンゴ投法』いうてな、足、バーッと上げてな」
振りかぶった時に、上半身を大きく後方に反らせながら、左足を高く上げる。その独特なスタイルが注目されたのは、鐘淵化学での1年目。東京・後楽園球場で行われる、社会人野球の最高峰・都市対抗野球で、谷村は2勝を挙げ、チームもベスト8。大会優秀選手に選ばれ、その年には社会人のベストナインにも選出される活躍を見せるのだ。

ここで、谷村の野球人生が激変する。

まさしく、阪神のお膝元の選手。一転、騒がれ始めたのだ。

「そしたらな『忍法高砂踊り』とか『タコ踊り』とか、騒がれるようになるんよ。取り扱いが全然違うわけや」

これが、関西だから分かるのだ。

地元の逸材を獲れ、とばかりに、関西のスポーツ紙が取り上げるようになる。

定番は「阪神の恋人」という見出しだ。

私も、サンケイスポーツでアマチュア野球を担当した時、何人もこの〝恋人候補〟の原稿を書いたものだ。書いた選手と球場で顔を合わせると「阪神、行くの？ってめちゃくちゃ聞かれましたよ」と、何度となく〝抗議〟されたほどだ。

谷村は後に、オリックスでスカウトを務め、１９９１年に関学大の後輩・田《た》口《ぐち》壮《そう》の１位指名に尽力する。そのいきさつについては、続く第３章で改めて詳述する。

田口のケースもそうだが、関西に〝ドラ１級〟の選手が出てきて、他球団が獲得を目指す動きが報じられると、途端に「阪神は？」という論調で、ファンやマスコミが騒ぎ始める。

「なんで獲れへんねん、という話、つまり、裏返しやわな」

大学から社会人と、社会経験も積んでいた谷村は、そうした環境を理解した上で「歯止めが利くやん」という。藪や藤田が言うところの「高校生ではしんどい」という部分だ。

谷村の場合、移籍した阪急はそれこそ、阪神と同じエリアにある球団だ。

「昔から、タイガースと阪急が近くにあって、外へメシ食いに行ったら、阪急は自分で金払わなアカンけど、阪神は店のママかマスターが『また今度でええよ』ってこともあった、ということやろ。ごちそうさん的な、な？　だからそこで、1年目、2年目、高卒で入って、そういうクセがついたら、外へ出る回数が増えるわな。結局そこに、どういう人がおるかも分からんやろ？　結局、そこやん。そこを自分でどう切り抜けるかや。常識、プラス自己管理、理性やわな。騒がれても自己管理ができるヤツとちゃうかな」

そういう環境なのだ、というのを、あらかじめ知っているか否か。そうした種々雑多な誘惑を、自分で封じ込めるだけの自己管理ができるか否か。

谷村は、スカウトとしての経験を踏まえて「高校生の教育係が必要や」と強調する。

「高校生が来ました。君ら、もう、タイガースへ来て、いろいろ騒がれたり、誘惑も多いと思うけど、この世界はもう、答えを出さんと戦力外になりますよ、と。簡単なことやねんけどな、それを親にも言わなあかん。今、サイクル早いよ、育成でも」

そうした雑音の多さゆえに、この本の中でも触れていく歴代のドラフト１位たちが「高卒ではしんどい」と声を揃えていることを、谷村に告げると「そやろ」とうなずいた。

「だから、のびのびさせてやることなんやろな。育てる、というのは、よく言葉が出てくるんやけど、自分で努力して育たなアカンのや。それがホントに、自分の財産、野球の財産になるんとちゃうかな？」


藤田、藪、谷村。

その〝三者三様〟の経歴から、浮き彫りになってくることがある。

阪神という人気、関西という独特の空気に、阪神ファン、タニマチ、マスコミという外部からの「雑音」の多さが掛け合わされ、絡み合って生まれてくる「環境」の難しさだ。

だからスカウトたちは、ドラフト候補生に対し、まずはプロ野球選手としての潜在能力やその将来性をきちんと分析することが重要なのはもちろんだが、関西という〝特殊な郷〟に順応できるかどうか、その精神力や心の強さも見抜けなければ、その独特な「風土」になじみ切れず、能力を発揮できなかったという悲劇も生んでしまう。

なのに阪神は、特に１９９０年代の「暗黒時代」に、ドラフトにおける「戦略」で、無難な、かつ弱気なスカウティングに終始してしまい、肝心の1位指名の選手も成長し切れないまま、チームが低迷し続けるという悪循環に陥った時代があった。

その〝負の戦略史〟を、次章で精査していく。

HANSHIN

第3章

戦略

——〝甲子園の活躍〟で判断してしまうリスク回避のドラフト指名

TIGERS

菊地敏幸

（きくち・としゆき）

1950年3月18日生、神奈川県出身。
法政二高～芝浦工大で捕手、一塁手。
社会人のリッカーで選手7年、コーチ3年。
1989年から2014年まで阪神スカウト。

高知龍馬空港から、国道55号線を東へ車を走らせること、およそ40分。燦燦《さんさん》と照りつける南国の光を受け、まぶしいばかりに輝いている太平洋が右の窓から見えてくると、安芸《あき》に入ったという合図でもある。

安芸市営球場は、別名「タイガータウン」と呼ばれる。

安芸市営球場入り口

阪神が、2月の春季キャンプを沖縄・宜野座《ぎのざ》と安芸との2カ所に分かれて行うようになったのは、星野仙一《ほしのせんいち》（岡山／明大／02年監督就任）の監督2年目、2003年からのことだった。

1991年に球団が発行した『阪神タイガース　昭和のあゆみ』は、球団創設の1935年から昭和が終わる1988年までを年度別にまとめた〝虎の正史〟ともいえるものだ。

第6章は1965年から78年までの14年間で、その最初を飾るトピックスには「高知・安芸にタイガータウン誕生」とある。

「阪神の安芸キャンプにかける地元の熱意は並々ならぬものがあった」

「タイガータウンの名称はすでにこのときから使用されている」（以上抜粋）

この年、ミスター・タイガースこと、村《むら》山《やま》実《みのる》（兵庫／関西大／59年入団）が25勝を挙げ沢村賞、最多勝とベストナイン、牛若丸こと吉田義男が遊撃手として9度目のベストナインをそれぞれ獲得している。

ただ、チームは首位・巨人から19・5ゲームの大差をつけられ、3位に終わっている。

脈々と築いてきた歴史の重さと、阪神と安芸との深い縁を感じさせる。

59年ぶりに「阪神のいない2月の安芸」

1軍が宜野座、安芸が2軍の分離キャンプは、数々の問題点が指摘され続けていた。

まず、高知から沖縄への直行便の空路がない。そのため、メンバーの入れ替えとなると飛行機の乗り継ぎで、ほぼ半日がかりの移動になる。

２０２２年もコロナ禍でのキャンプであり、場所の移動に伴う感染リスクをできるだけ避ける観点から、1、2軍の入れ替えは積極的に行いづらかった。

こうした弊害をなくすために、岡田彰布が15年ぶりに監督に復帰した２０２３年から2軍の春季キャンプも沖縄・うるま市に移転することになった。

1軍の宜野座から2軍の具志川《ぐしかわ》までは、距離にして約30キロ。車で40分もあれば、球場間を移動できる。

2軍組で調子がよければ、即1軍に上げることも可能になるし、午前中に決断すれば、1軍の午後の練習試合に出場させることもできる。

そうした競争意識の高まりが、チームの活性化にもつながるのだ。

秋季キャンプに関しては安芸で継続して行われるため、完全撤退ではない。それでも、キャンプインの2月に「阪神がいない安芸」というのは、59年ぶりのことになる。

1990年代の主力は「菊地会」

その〝安芸の2月〟に必ず開かれていたのが、通称「菊地会」だった。

スカウトだった菊地敏幸が担当した選手たちが集まり、親睦と結束を誓うのだが、1990年代後半から2000年代序盤の間、そのメンバーが投打の主力級だらけの時代があった。

【投手】
山《やま》崎《さき》一《かず》玄《はる》（静岡／静岡高／90年３位）、弓《ゆみ》長《なが》起《たつ》浩《ひろ》（大分／熊谷組／91年３位）
藪恵壹（三重／朝日生命／93年逆指名）、川《かわ》尻《じり》哲《てつ》郎《ろう》（東京／日産自動車／94年４位）
井川慶（茨城／水戸商／97年２位）、上《うえ》園《ぞの》啓《けい》史《じ》（福岡／武蔵大／06年３位）
【野手】
坪《つぼ》井《い》智《とも》哉《ちか》（東京／東芝／97年４位）、赤《あか》星《ほし》憲《のり》広《ひろ》（愛知／ＪＲ東日本／00年４位）
鳥《とり》谷《たに》敬《たかし》（東京／早大／03年自由枠）

新人王３人を含め、タイトルホルダーが５人、後のメジャーリーガーも２人、ノーヒットノーランは２人が達成し、鳥谷に至っては名球会入りも果たしている。

暗黒時代と呼ばれた１９９０年代後半、菊地の獲った選手がいなければ、阪神はそれこそ一体どうなっていたんだ、と思わせるくらいの豪華キャストだ。

「あれ、もともとは〝田《た》丸《まる》会〟なんだよね」

菊地が、懐かしそうに振り返ってくれた。

阪神の名スカウトだった田丸仁《ひとし》に関しては、第６章「誤解」で詳述する。

ここでは、田丸がその人脈を駆使、獲得を手掛けた数多くの選手たちが中心となって結成されたその会が、2軍の若い選手を応援しようという〝若虎会〟へ、さらには「菊地会」へと拡大、発展していったという経緯だけを触れるにとどめておく。

菊地は神奈川・法政二高出身。3年生だった1967年夏は、県準決勝で1学年下の武《ぶ》相《そう》高・島《しま》野《の》修《おさむ》に敗れ、高校3年間で甲子園に一度も出られなかった。

芝浦工大に進んだ菊地の2学年上が元阪急の捕手で、イチローを育てたコーチとして名をはせた河《かわ》村《むら》健《けん》一《いち》郎《ろう》、1学年上には元西武、オリックス監督の伊《い》原《はら》春《はる》樹《き》、1971年に広島から1位指名を受けた捕手の道《みち》原《はら》博《ひろ》幸《ゆき》は同学年。同じ捕手だった菊地にとっては「すごい人ばっかりだったんですよ」

菊地敏幸

社会人の強豪で、日本有数のミシンメーカーだったリッカーでの現役生活は7年間。その後、3年間務めたコーチ時代の1983年に阪神から1位指名を受けたのが後のリリーフエース・中西清起だった。ただ、リッカーは1984年1月に野球部を解散。さらに本社は、その年に経営破綻《はたん》へと追い込まれている。

リッカーを退社した菊地は、サラリーマン生活を4年間送ることになる。球場管理や警備に携わる会社で、神宮球場の担当をしていた時のことだ。

東京六大学野球の試合開催日は、開門直後から菊地は正面入り口に立つ。

ある日、母校・法政二高の元監督で、当時阪神スカウトを務めていた田丸に手招きされた。

「おい、給料いくらだ?」

先輩の質問を、はぐらかすわけにもいかない。

「阪神、もうちょっと出せるぞ。だからスカウトをやれ」

プロ経験のない菊地が阪神のスカウトに就任したのは38歳の時、昭和から平成に時代が変わった１９８９年のことだった。

以来、２０１４年までの四半世紀にわたり、菊地はその敏腕ぶりを発揮し続けた。

獲りやすい選手ばかりを獲っていた「暗黒時代」

安芸キャンプ中での、ある日のことだった。

「ブルペンに7人、一斉に並んで投げていた時、全部俺の担当選手だったことがあったんだよな。あれは嬉しかったよな」

菊地は、関東地域の担当だ。だから裏を返せば、阪神の1990年代後半から2000年代にかけて、地元の関西エリア出身選手が目立たなかったということでもある。

「この当時だと、結局、獲りやすい選手を獲ってるんだよ。結果的にそうなるし、実際にそうだもんね。全然、こう、あえて他球団も評価しているのを、ぶつかって獲りに行こうという、そういう体制は確かになかったよね」

その〝弱気なスカウト活動期〟として菊地が指摘した時期は、中村勝広、藤《ふじ》田《た》平《たいら》（和歌山／市立和歌山商高／65年2位）、吉田義男、野村克也が監督を務めた1990年から2001年までの12年を指す。

最下位8度を含む、Bクラスが11年という「暗黒時代」だった。

福留指名を回避して社会人4人

1995年は、私にとってサンスポでのトラ番記者1年目だった。

当時監督代行の藤田平が「即戦力を獲れ」と厳命したスカウト陣から大反発を食らっていたという内幕を、藤田からしょっちゅう聞かされていた。

「今年は『即戦力がおらん』ってスカウトが言うんや。そやから『それを探すんがスカウトとちゃうんか』って、言うたったんや」

その年の超目玉は、ＰＬ学園高・福留孝介だった。

甲子園でも活躍したスラッガーは、中日と巨人を希望球団に挙げ、それ以外の球団からの指名なら、社会人の日本生命に進む方針を明かしていた。

ただ、それが福留の指名を回避する理由などにはならない。

事前の挨拶に出向いた阪神は、福留側に「高校生ではナンバーワンの評価をしている」と伝えている。福留の希望球団だった巨人と中日をはじめ、高校生としてはドラフト史上最大となる計7球団が競合したが、阪神は結局、福留指名に踏み切らなかった。

藤田の要望に応える形を取り、社会人選手だけを4人指名したのだ。

1位のＮＫＫ・船木聖士《ふなきさとし》（広島）をはじめ、3人が投手で1人が外野手。ただ船木は阪神在籍7年で通算9勝に終わり、2位の西濃運輸・中ノ瀬幸泰《なかのせゆきやす》（岐阜）、3位の東海理化の左腕・林《はやし》純次《じゅんじ》（岐阜）はいずれも未勝利。しかも林は、わずか2年で戦力外通告を受け、4位の外野手、サンジルシ醸造・曽我部直樹《そがべなおき》（岐阜）も阪神在籍8年で4安打のみだった。

即戦力が「いない」という評価であるのなら、それを押し通すのもまたスカウトの仕事でもあるだろう。ただ、巨人は逆指名枠の2位で日本生命・仁志敏久《にしとしひさ》を獲得、ダイエー（現ソフトバンク）は1位で南京都高（現京都廣学館高）・斉藤和巳《さいとうかずみ》の単独指名に成功している。

福留はもちろん、後に通算1591安打を放つ二塁手と、沢村賞を2度獲得する右腕が関西にいたというのに、阪神は4人とも関西地区以外の社会人という指名だった。

番記者としてどうも、腑に落ちなかった。

ちなみに、こうしたフロント側との軋轢《あつれき》が、代行監督時代を含めて藤田がわずか1年半で監督の座を追われた、大きな要因の一つでもあった。

「甲子園」での活躍に評価が左右される

1991年、オリックスは兵庫・関西学院大の遊撃手・田口壮（現オリックス外野守備・走塁コーチ）を1位指名しているが、その時に4位指名したのが、愛工大名電高の投手・鈴木一朗だった。

担当スカウトだった三輪田勝利《みわたかつとし》も、名うての目利きの一人だった。

後の「イチロー」となる高校生の「打」を評価しての4位指名だったが、菊地は高校生のスカウティングに関して、三輪田と激論を交わした思い出がある。

三輪田は、こう強調したのだという。

「イチローを獲った名スカウトって名前が出るけど、俺がイチローを1位で獲っていたら名スカウトだよ。4位だったら誰でも獲れる。ホントは1位でなきゃいけないんだよ」

ただ、違う視点からこの三輪田の言葉を読み解けば、阪神がイチローを高く評価しておけば、4位指名のオリックスに先んじて、獲得できるチャンスは大いにあったのだ。

「そういうのは、やっぱり反省していかないといけないところなんだ。同じ地区から、下位で獲った選手が別の球団に入って『ウチの評価はどうだったんだ？』という話が出てこなきゃいけない。ウチにはほとんど、そういうのがなかったんだ。イチローをもし自分が担当していたら、獲れる、獲れないじゃなくて、自分が評価していなかったら、俺は見る目がなかったんだと思うよ。うわー、失敗した、こんな選手に、こういう能力があったんだ、と思うんだけど、そういうことが、ホントになかったよな」

高校生の潜在能力を見抜き、獲得から育成に至るまでのそうした「ビジョン」を描き切れず、さらにドラフトでの「戦略」の失敗をその後につなげるフィードバックもなかった。

そうした負の経験を生かし切れていないというのが「ありますよね」と菊地は断言する。

阪神の大きな〝失敗〟の一つは、1991年だった。

ドラフト1位指名した大阪桐蔭高・萩原誠の評価に、菊地は疑問符をつけた。

「野手でいえば、1位だと全部が全部、長打力があって、足が速くて、肩が強いって、そうはいかないけど、高校生の場合は何か一つでも、だよ。（萩原）誠は、足が遅かったわけですよ。じゃあ、飛ばす能力が人一倍あるのかといったら、そこまでの能力はなかった。当然金属バットでやってるわけだよね。木になった時にどういう対応ができるのか。そこをスカウトは見なくちゃいけない。やっぱり、スイングスピードとか、どう考えても物足りなかった。今の空振りだったら、あたったら150メートルは飛んでたぞ、とかね、そういう魅力が見えなかったんだよな」

つまり、打でも守でも、突出した能力は感じられなかったというのだ。ポジティブにいえば、総合力は高いのだろうが、特段、秀でた部分もあまり見出せないというわけだ。

菊地がスカウトに就任した直後の1990年代序盤は、各担当地域に同じポジションの有力選手が出た時、それぞれの担当地域に足を運んで、当該選手同士を比較する「クロスチェック」を、阪神ではまだ行っていなかったのだという。

そうすると、当時の編成部内でのパワーバランスや、スカウトの〝惚れ込み度〟によってその当該選手の指名が左右されてしまうのは否めない。

「甲子園で優勝だろ？　甲子園の数字を残しているとなると、自動的にもう、こっち、となっていくんだよな。流れちゃう。でも、その方が楽なんだ」

萩原の評価の基準が「甲子園」に寄りかかっていたと菊地は指摘するのだ。

なぜ中村紀洋を評価できなかったのか？

甲子園で活躍した選手は、必然的に注目度も高くなる。

さらに萩原は、大阪生まれの大阪育ちでもある。

これだけのファクターが重なると、萩原以外の選手を推薦する場合、その人気や実績、スター性を上回るだけの素材を持ち、将来は絶対に伸びるだろうと予測できるだけの〝強い裏付け〟を提示しなければならない。

菊地が挙げた問題点は、近鉄の４位が大阪・渋谷《しぶたに》高の中村《なかむら》紀洋《のりひろ》だったことだ。

日米６球団、23年間で通算安打２１０６本、４０４本塁打を放つ大打者に成長した中村は、府立渋谷高での２年夏、甲子園に出場している。

当時から「４番・サード」で、２番手投手も務めていた。公立高で、激戦区の大阪を勝ち抜いた原動力であり、その潜在能力たるや、計り知れないものがあったはずだ。

ただ、甲子園での実績やネームバリューでいえば、その時点では萩原が〝上〟だ。

「でもスカウトという立場からいえば、萩原誠を1位で推薦しちゃダメなんだよ。やっぱり中村じゃなきゃ、おかしいんですよ。スカウトは同じ地区で、萩原と中村を同じくらいの数は見ているはずなんですよ。中村は近鉄の4位でしょ？　中村の評価をしていなかったということは、関西担当のスカウトがダメでしょ、という、そういった話が出てこないとおかしい。そういうのは反省してかなきゃいけないところだと思うんですよ」

その中村を「ミスター大阪」と断言していたスカウトがいた。

当時、近鉄のチーフスカウトだった河西《かわにし》俊雄《としお》は、かつて阪神のスカウトとして、市和歌山商・藤田平、大阪学院高・江夏豊ら、高卒選手の秘めた能力を見抜き、ドラフトでの上位指名にこぎつけていた。

その河西が、中村の「打」を高く評価していたのだ。その年、近鉄は上位指名3人が投手。つまり、野手の最上位となる「4位」が中村だったのだ。

ちなみに後日、私は中村に直接聞いたのだが、1985年4月17日、甲子園球場の巨人戦で、ランディ・バース、掛布雅之、岡田彰布のバックスクリーン3連発が飛び出した〝伝説のゲーム〟を、小6のノリ少年は「甲子園で見てたんですよ」

阪神にも、中村との縁はきっと、つながっていたはずなのだ。

阪神に行きたくない8カ条

だから、１９９１年には、大阪に萩原と中村という高校生野手の逸材がいたのだ。

その大阪の隣・兵庫県にも、即戦力の評判を取った関西学院大の遊撃手・田口壮がいた。

甲子園球場のある西宮市生まれ。県立西宮北高から指定校推薦で関学大に進むと、２０２２年秋季リーグ終了時点でも依然として関西学生リーグの「最多安打記録」である通算１２３安打をマークした。

１９８５年の日本一メンバーで、ショートのレギュラーだった平田勝男も32歳と、ベテランの域に入ろうとしていた。

平田の後釜になり得るその有力候補が、阪神のお膝元、バリバリの地元選手なのだ。

ところが田口は、ドラフト直前「阪神に行きたくない８カ条」を打ち出した。

「とにかくオリックスが好きなんです」

希望が叶わなかった場合には、社会人に進む可能性も示唆してまで、阪神への拒否姿勢を明確に示したのだ。

田口が入団を熱望したオリックスの担当スカウトは、第2章「風土」の中でも触れた1970年の阪神ドラフト1位で、関西学院大出身の谷村智啓だった。

「あれはな、俺、別に何もしてへんで。ただ、日本ハムが（競合覚悟の指名に）来るっていうてて、たまたまクジがあたっただけのことや。それも、運やん。2枚のうち、1枚とかしか、あたらへんやん。だから、その選手の運命やで」

最終的に田口での競合を回避した阪神は、萩原を単独指名している。ライバル球団に手を引かせるために、谷村はその〝裏舞台〟で汗を流したのだ。

「地元や。それこそ、阪神もいかなアカン。そやろ？　そこやろ、な？」

谷村はそう強調しながら、一方で古巣の内情は熟知している。

阪神という球団は、無難な方向に、そして世間の声に流されやすいのだ。

拒否理由は「阪神はゴタゴタが多すぎる」

1991年のドラフト会議は、11月22日の開催だった。

関西のスポーツ紙は、その〝ドラフト月〟になっても、指名方針が定まり切らない阪神の1位候補問題を連日、騒ぎ立てていた。

日本一の翌年となる１９８６年から１９９１年までの６年間で最下位４度。１９８７年からは５年連続Ｂクラスだった。

しかも、直近のチーム打率は２年連続でセ最下位、チーム防御率も３年連続でリーグ最下位という、驚《きょう》愕《がく》の数字が並んでいた。

だから、補強ポイントは高校生ではなく、大学・社会人の即戦力のはずなのだ。

投手では駒大・若《わか》田《た》部《べ》健《けん》一《いち》（ダイエー１位、現ソフトバンク３軍投手コーチ）、野手なら田口が、投打の目玉と言われていた。

その年の各球団１位指名は、ヤクルトが東京学館浦安高の左腕・石《いし》井《い》一《かず》久《ひさ》（現東北楽天監督）、中日が日大の右腕・落《おち》合《あい》英《えい》二《じ》（現中日１軍ヘッド兼投手コーチ）、近鉄が法大・髙《たか》村《むら》祐《ひろし》（現ソフトバンク２軍投手コーチ）、大洋（現ＤｅＮＡ）が東北福祉大・斎《さい》藤《とう》隆《たかし》（現ＤｅＮＡ１軍チーフ投手コーチ）、広島は専大の外野手・町《まち》田《だ》公《こう》二《じ》郎《ろう》（現福井工業大、同附属福井高総合コーチ）だった。

広島の４位は東北福祉大・金本知憲で、オリックスの４位は鈴木一朗だ。

今になって振り返ってみれば、そうそうたる顔ぶれだ。阪神の補強ポイントにマッチする投手も野手も、質量ともに揃っていた。

スポーツ紙が１位の「本命」と見たのが、地元の関学大・田口だったことに疑問の余地はない。即戦力としても当然だが、地域性を加味しても、絶対に獲るべき選手だろう。

当時の阪神の動きを、時系列順に追ってみる。

11月４日、田口は関学大監督・土屋《つちや》明生《あきお》と、関学大野球部ＯＢでもある田口の父親を交えての３者会談を行い「オリックスが好きなんです」と表明。事実上の逆指名だった。

「小さい頃から毎晩、西宮球場を眺めながら、バットを振っていたんです」

スポーツニッポン紙上に掲載されていたその談話は、後に私も田口から直接聞かせてもらった思い出話の一つだった。

阪急・西宮北口駅にほど近い、父親の会社の社宅に住んでいた田口は、社宅の横のあき地で毎日素振りを繰り返し、軸足となる右足の場所には〝田口の穴〟があいていたという。

ふと夜空を見上げると、阪急の本拠地・西宮スタジアムのナイター照明の鉄塔が、逆光のせいで、浮かび上がっているかのような、幻想的な光景が目に飛び込んでくる。

いつかきっと、あそこでプレーするんだ。

それが、田口少年の抱いた将来への夢だった。

ただ、オリックス志望を公表しても、当時の阪神監督・中村勝広は「いい選手は競合しても獲らなければ。指をくわえて見ているわけにはいかない」と強弁している。

11月12日、田口は阪神に入りたくないという「8カ条の拒否理由」を突きつける。

監督の土屋は「指名はご遠慮いただきたい」と阪神側に申し入れている。

「組織的にしっかりしていない。何年か前から監督とフロントの間でゴタゴタが多すぎる」

「野球に打ち込もうと思えばできるかもしれないが、環境が悪い」

「チーム作りに一貫性がない」

「僕の実力も知らないのに、指名の前からショートのポジションをあけて待っている姿勢自体も問題じゃないですか」

当時のスポーツ紙を再読してみると、センセーショナルなトーンで報じられている。

ただ、田口サイドの言い分を改めて読み返してみると、なかなか的を射ている感がある。

しかも今なお、取り沙汰されている「阪神の定説」だらけでもある。

そこに、世間の空気を一変させるような〝風〟が吹く。

萩原が「阪神ファン」であることを、堂々と公言したのだ。

田口&萩原の〝両獲り〟ができるのに……

10月15日の石川国体終了後、萩原は「阪神志望」を明らかにした。

「小さい頃から阪神ファンだったので『阪神を希望します』と言おうと思っています」

社会人の大和銀行にも内定していたが「阪神だったら考えさせてもらいます」

それが、高校生ができる最大限の〝希望表明〟でもあった。

「掛布さんに憧れていました。タテジマのユニホームを着るのが夢でした」

大阪生まれの大阪育ち。1985年の日本一の時には小学6年生で、大阪桐蔭高で甲子園を制覇した4番打者。それこそ、阪神との縁だらけだ。

球団事務所には、阪神への拒否姿勢を見せた田口ではなく「萩原を獲れ」というファンからの電話が鳴りやまなかったのだという。

11月16日、編成部長の横《よこ》溝《みぞ》桂《かつら》が、萩原のもとへ指名前の挨拶に訪れた。

「球団の内外からもぜひ、獲得してくださいと要望が来ています」

そんなエピソードを披露した上で、萩原に指名を確約したのだ。

こうなれば、萩原を2位で固め、それ以外ならプロには行かないと表明させればいい。そうすると、競合覚悟で1位に田口を指名できる。

外したら萩原を１位に上げればいいだけで、うまくいけば田口、萩原の地元勢の両獲りすらできる。それこそが、阪神の〝最上のドラフト戦略〟だろう。

ところが、直前になって阪神は軌道修正する。

「田口回避、急転１位萩原　熱烈ラブコールに応えて将来性買う」

ドラフト当日の22日の紙面で、スポーツニッポンがスクープした。

萩原に次ぐ２位で、阪神は日本石油の遊撃手・久慈《くじ》照嘉《てるよし》（山梨）を指名している。

１９９２年の新人王にも輝いた逸材をリストアップできていたのだから、田口の指名に乗り出すことは、リスクでもなんでもない。

むしろ、外れた時の備えはできていたのだ。

「萩原を獲ったれ」という〝世間の声〟

２０１２年の大阪桐蔭・藤浪晋太郎は大阪生まれの大阪育ち。２０２０年の近大・佐藤《さとう》輝《てる》明《あき》も、兵庫・西宮で生まれ育ち、関西の強豪・近大で力をつけた。

「それを言うなら、昔の田口も一緒なんや。そやろ？　プロでレフトに回ったけど、あの時点では、ショートとしてフットワーク、出足もええし、肩もええし、スローイングもよかった。その時は、強引にでもいかなアカンわ、言うたらな」

谷村がそう強調するのは、自らのキャリアを振り返っての実感でもある。

自分が社会人時代、都市対抗大会で活躍した途端に「阪神は地元の逸材を逃すな」とばかりに、関西のマスコミが取り上げ、周囲から騒がれるようになったからだ。

田口は阪神に対して拒否姿勢、一方で萩原は「行きたい」と熱望している。

「ええやっちゃ、萩原。甲子園でも打ったやん」「そんな子は、1位でいったれや」

こうした世間の声に、阪神は敏感なのだ。

お膝元の大阪生まれで、甲子園でも優勝した。

そうした一つ一つの要素が、球団フロントのトップにとっては、獲得を本社サイドに具申する際、実に〝分かりやすい説得材料〟になる。

さらに、田口を強行指名して入団を拒否され、萩原を他球団に指名されてしまうという最悪のシナリオに陥った時の、世間からのマイナスの反応を過大に恐れてしまうのだ。

実際、当時の報道を振り返ってみると、ドラフト直前に巨人が萩原のもとを訪れて「2位指名を確約」したり、オリックスまでもが「萩原指名」をほのめかしている。

それは、阪神を揺さぶり、田口&萩原の両獲りを阻止する動きでもある。

谷村は当時の関西地区で、オリックスのスカウト1年目だった。だから、渋谷高・中村紀洋も「当然見に行ったで」と、当時の印象を振り返ってくれた。

「初球からブンブン丸やったわ、ごっついスイングや。こんなんでええねん。これをドラフトのケツ（下位指名の意）で獲っとこか、でええわけや。『中村を5位とか6位で獲って、大化けしたらよろしいやん』というスカウトがおらんというこっちゃ。（阪神が萩原を指名した）そこに話は戻るけど、萩原は『まとまったヤツがおる』ということやわな。そうでないと、会社の上から許可やな、ゴーが出んわけや」

谷村は、そうした〝阪神の機微〟を、阪神にいたから分かっているのだ。

だからこそ、田口1位、萩原2位という阪神のベスト戦略を切り崩すことができると踏んだのだ。「別に俺、何もしてへんで」と谷村はトボけるのだが、関学大OBという田口との太いパイプも、存分に生かしたのだ。

「今の野球人生考えたらオリックスに入って正解やったんちゃう？　こればっかりは、分からへんけどな」

日本ハムが、最後の最後に田口の獲得に名乗りを上げてきた。

ならば、オリックス、日本ハム、阪神の3球団よりも、オリックス、日本ハムの2球団での抽選の方が、当然ながら外れるリスクは下がる。

ライバル球団を、一つでも追い落としておくのもスカウトの仕事であり、谷村はそれを当たり前のようにやってのけた。

そして阪神は、田口争奪戦から自ら、降りてしまったのだ。

田口、萩原、中村がいた関西で、その３人とも獲れる可能性がありながら、阪神は萩原〝だけ〟を確実に獲りにいくという、超安全策を取った。

田口は、日米での20年間で通算１６０１安打。メジャーで２度の世界一に輝き、オリックスではゴールデングラブ賞５回の名外野手として、長く活躍し続けた。

中村紀洋も本塁打王１回、打点王２回、ベストナイン５度、三塁手としてゴールデングラブ賞も７度。日本を代表するスラッガーとして、その名を轟《とどろ》かせた。

しかし、萩原誠は阪神在籍６年で通算32安打。後付けの結果論とは分かってはいるものの、阪神の指名戦略と育成には、首をひねらざるを得ないような結果に終わっている。

しかも、その翌年にも、阪神は〝弱気なスカウト〟に終始するのだ。

ライバルを引きずり下ろす〝裏仕事〟ができない

１９９２年の目玉は、石川・星稜《せいりょう》高のスラッガー・松井秀喜だった。

その夏の甲子園、高知・明徳義塾《めいとくぎじゅく》戦で、松井は「5打席連続敬遠」で勝負を避けられ、星稜高は敗れた。この一件は、高校野球の「勝利至上主義」の是非を巡る論争へつながっていくなど、大きな社会問題にも発展した。

その注目のスラッガーが「阪神ファン」を公言していた。だからといって、他球団がやすやすと、松井の指名から手を引くはずがない。

阪神以外にも、巨人、中日、ダイエーが獲得に名乗りを上げた。

巨人は、監督に復帰した長嶋茂雄が「4番で育てる」と大々的に宣言した。

中日は、親会社の中日新聞の販売エリアでもあり、ナゴヤドーム（現バンテリンドーム ナゴヤ）の開業計画も浮上していた頃で、地元のスターとして獲得への熱意をアピールした。

ダイエーは当時、星稜高出身の村松有人《むらまつありひと》、湯上谷竑志《ゆがみだにひろし》（宏）ら、活躍する先輩との絆を訴えた。

実は当時、私は松井の実家である石川・根上町《ねあがりまち》（現能美市）へ取材に出向いたことがある。

父の昌雄さんが在宅していたのだが、たまたま単独取材になった私を、なんと松井本人の部屋にまで案内してくれた。

「見てやってください」

松井の勉強机の上には、阪神のメガホンや帽子が置かれていた。

部屋中に、タイガースのペナントやポスターが所狭しと貼られていた。

「これ、仕込みですか？」

つい、そんな失礼な質問を投げかけてしまったほど、阪神一色だった。

「いや、秀喜は本当に阪神が好きなんですよ。でも、巨人の長嶋さんのような偉大な方から、あんなに温かい言葉をかけていただいている。中日さんは地元ですし、ダイエーさんも先輩方がたくさんいらっしゃる。そこは、大人の判断なんです」

高校生が己の意志を表明することは、半ば御法度《ごはっと》だったその時代に、松井サイドが希望球団として挙げたのは、阪神を含めたその４球団だった。

「松井は阪神に行きたがっていたのに、ウチは何もしない。挨拶に行ったのだって一番最後なんだよ。あれだって、４球団か？　巨人はしょうがないわな。でも、なんとかしてそこから、１球団でも２球団でも削らせて、この球団には行きませんと言わせなきゃ。それってやっぱり、スカウトの仕事ですよ。そういう作業をしなくちゃいけないんですよ」

松井を担当したのは、関西エリアのスカウトだった。菊地からすれば、その鈍いとも映る同僚たちの動きに、歯がゆさすら感じていたのだ。

競争相手を、1球団でも諦めさせる。

田口の時も、松井の時も、そういう〝裏仕事〟ができなかったのだ。

松井の交渉権を引き当てたのは巨人だったが、長嶋がクジを引いたのは4番目だった。つまりは残り福で、その直前の3番目に引いた阪神に、運は巡ってこなかった。

さらに、松井の「外れ1位」で指名した地元兵庫・村野工の左腕・安《あ》達《だち》智《とも》次郎《じろう》は、7年間で一度も1軍登板のないまま、ユニホームを脱いでいる。

「現場が育てない」のか「能力のない選手を獲っている」のか

現行のドラフト制度では高校生、大学生ともに「プロ志望届」を提出し、そのリストの中から、選手をドラフト指名しなければいけない。

社会人と大学生も逆指名でも自由競争でもないから、ライバル球団を引きずり下ろすような、シビアな裏技を駆使する、押しの強いスカウトもいなくなったと菊地は言う。

「今は、そりゃ楽だよ。高校生、大学生、全部プロ志望届が出るんだから。俺たちの時、それがないから、やっぱり怖かったもん。自分の担当エリアで、全く知らないやつがポーンと上がってきたら、誰や、こいつって」

逆指名、自由枠が併用されていたのは1993年から2007年までだった。

その当時、大学生か社会人の逆指名で上位枠を確定させるのではなく、競合覚悟で高校生の指名に乗り出すというのは、スカウトの眼力と、球団の未来を描く編成の力が問われる重大な決断でもあった。

ところが、阪神の「高卒1位」の選手たちは、軒並み伸び悩んでいた。

萩原、安達に続き、1994年に甲府工の右腕・山村《やまむら》宏樹《ひろき》（山梨）を1位指名も5年間で1勝。1997年は智辯和歌山高・中谷仁（和歌山）を、高卒捕手として初めて1位指名したが、阪神での8年間で通算1安打に終わっている。

菊地の見解は、スカウトとしての自らの反省も含め、シビアで辛辣《しんらつ》だった。

「（萩原）誠とか中谷は、本人に聞いたら、育成とか重圧じゃなくて『単純に自分の力がなかった』って言うと思うよ。そこまでの力がなかったし、それこそ、だから、スカウトの見る目がなかったということになると思うんだ」

序章で触れたように、萩原と中谷には取材を申し入れたが、それぞれの事情からお断りの連絡を、直接いただいている。だから、あくまで菊地の「スカウトとしての立場」での見解であることを、ここでは重ねて強調しておきたい。

「高校の時、ほとんど名前が出てなかった選手が、大学に行って4年経つと、プロで4年やった選手より、上になったりするのはおかしいよね。大学で、2年生くらいから試合に出るとしても、エース格になる。プロって、ピッチャーだと特にファームなんかだと優先順位があって、なかなか登板機会もないわけでしょ？　やっぱり、どこかでひっくり返ってるんだよな。練習はやっているはずなんだよ、プロの方が。だから、スカウトにとっては『現場が育てない』。現場からすれば『それだけの能力がない選手を獲っている』となる。責任のなすり合いみたいな形になってくるし、結論は出ないよ。でも、どちらかと言えば、結局『能力のない選手を獲っている』ということなんだと思うよ」

ノムさんの即戦力希望にも「1位・藤川球児」

1998年には、高知商・藤川《ふじかわ》球児《きゅうじ》（高知）を1位指名したが、その年の超目玉は大阪体育大の右腕・上原《うえはら》浩治《こうじ》と近大の遊撃手・二岡《におか》智宏《ともひろ》だった。

阪神も獲得に乗り出したのだが、2人とも巨人に獲られてしまった。

ならば、競合覚悟で横浜高の剛腕・松坂《まつざか》大輔《だいすけ》の指名に乗り出す選択肢もあっただろう。なのに、その年のドラフト1位は、当時の知名度や実績からすれば、上原や二岡、松坂よりも格段に〝下〟だった藤川を、競合なしの単独で指名しているのだ。

その藤川も、監督の岡田彰布に適性を見出され、リリーバーに定着したのは2005年だから、プロ7年目のことだ。大学に行ったものと考えて、高卒選手の育成期間は「4年」と見なすのが、プロの世界での一つの目安だから、藤川はむしろ遅咲きだった。

藤川1位指名時の監督は、就任直後の野村克也だった。

即戦力の大学生、社会人の投手を望んでいた野村は、自著『あぁ、阪神タイガース』（角川oneテーマ21）の中で、当時の指名戦略に疑問を呈し、恨みたっぷりにこう記している。

> のちに〝JFK〟の一角を担うことになる藤川はたしかに逸材だったろうし、いまから振り返れば成功したように思えるかもしれない。が、一軍で活躍するようになるまで七年かかっている。余裕があるチームならともかく、当時の阪神が真っ先に獲るべき選手ではなかった。三位で福原忍（※広島／東洋大）を獲得できたのがせめてもの収穫だったとはいえ、この年はほかに小林雅英《まさひで》が千葉ロッテマリーンズに入団している。

（※は筆者が補足）

野村が指摘するように、その当時6年連続でBクラスが続いていた阪神に、ドラフト1位で高校生投手を指名して、将来性に期待すると言っている場合ではなかっただろう。

オリックスのスカウトだった谷村も、藤川を「3位で獲るつもりだった」と、痛めていたと見られていた右肩の状態を、徹底的に調査していたという。

「そやけど、阪神が獲ったんや。1位やで」

メジャーでも投げ、名球会にも入会した右腕だけに、今となっては「1位」評価は正しいということになるだろうが、それはあくまで後付けだ。

当時のチーム状況を踏まえれば、阪神の「藤川1位」には野村ならずとも、納得できるだけの材料は乏しかったと言わざるを得ない。

「2位は高校生」——オーナー方針の頓挫

２００８年から２０１８年まで球団オーナーを務めた坂井信也《さかいしんや》が「チームの芯になる高校生を育てないとアカン」という方針を掲げ、２０１０年からの４年間、阪神はドラフト2位の枠を「高校生」に絞り込んだ時期がある。

2010年　神奈川・東海大相模の投手・一二三《ひふみ》慎太《しんた》
2011年　福島・聖光学院の右腕・歳内《さいうち》宏明《ひろあき》
2012年　青森・光星《こうせい》学院の内野手・北條《ほうじょう》史也《ふみや》
2013年　鹿児島実業の外野手・横田《よこた》慎太郎《しんたろう》

ただ、4人とも期待通りに育て切れていない。

一二三は2年目から野手に転向したが、プロ6年間で1軍出場なし。歳内も阪神での8年間で通算2勝止まり。独立リーグの四国アイランドリーグプラス・香川オリーブガイナーズでのプレーを経て2020年途中にヤクルトへ移籍も1勝にとどまり、2021年限りで現役を引退している。

北條は、1位指名の大阪桐蔭・藤浪と、春夏の甲子園でいずれも決勝で対戦。準優勝に終わったが、その攻守にわたる活躍ぶりは光った。

2023年にはプロ11年目を迎えるが、2016年の122試合出場が最多。レギュラーを取り切れず、２０２２年も32試合出場、打率１割８分６厘に終わっている。

　横田は２０１６年に「２番・センター」で開幕スタメンの座をつかんだ。

　身長１メートル87の大型外野手への期待は高まったが、翌２０１７年に脳腫瘍《しゅよう》の診断を受け、志半ばで２０１９年に現役引退を余儀なくされた。

　この中で、菊地の担当エリアだったのが一二三と歳内だが、一二三は大阪・堺市、歳内は兵庫・尼崎《あまがさき》市と、いずれも関西出身の選手だった。

　他県に野球留学した上で、甲子園に出場した経歴を持っている。

「担当としては、一二三も歳内も４位くらいの評価をしているわけですよ。それがパーンと上がって、いきなり『菊地さん、２位でいきましょう』とかね。えっ、とこちらはなるわけですよ。ちょっと違うなと。要するに、関西の人間で甲子園に出て、数字を残した選手がいつの間にか〝上〟になる。関西の球団だから関西重視でいいし、まして甲子園重視でもある程度はいいところはあると思う。同じ文化、関西っていうところで考えてもね。でも、なんか、それで自動的にひょっと上がっていくんだよな。それに対して『違う』と突っ込んでも『他にいない』と言われたら、もうこっちは『分かりました』なんですよ」

開幕スタメンに「生え抜き高卒野手」が5年連続で不在

ただ、高校生2位というのは、育成の重要性を踏まえ、いい素材の選手がいるなら、他球団に先駆けて獲れという、オーナーから与えられた大局的な指針のはずだ。

なのに、低めの評価の選手を繰り上げてしまう。忖度《そんたく》が働いてしまうのか、「高校生を2位指名」という課題に囚われるあまり、勝手な縛りを自分たちでかけてしまっていたのだ。

その〝育成のひずみ〟は、2022年の開幕スタメンにもはっきりと示されている。

セの場合は9人、パは指名打者制のため、先発投手を含めて10人になるが、阪神はセで唯一、野手8人の中に高卒の生え抜き選手がいなかったのだ。

2年連続で開幕投手を務めた藤浪晋太郎だけが高卒だが、これも当初、開幕投手の予定だった青柳《あおやぎ》晃洋《こうよう》（神奈川／帝京大／15年5位）が新型コロナ感染のため、登板を回避したことによる緊急起用の面が強かった。

帝京大出の青柳で開幕していれば、阪神は開幕スタメンの中に高卒選手は「0」だった。

対照的に、ヤクルトは8人中4人、育成で定評のある広島も8人中3人、ソフトバンクは10人中7人、西武も6人、オリックスも5人が高卒選手だ。

しかも阪神は、2017年に原口《はらぐち》文仁《ふみひと》（埼玉／帝京高／09年6位）と北條史也の2人が開幕スタメンに入って以降、２０２２年までの5年連続で、野手8人の開幕スタメンの中に「高卒の生え抜き」はいない。

もちろん「生え抜きの高卒」が多いから、育成がうまいというイコールの図式では決してない。ただチームの根幹を担う部分に、たたき上げの選手を多く組み込んでいるチームの名前を見ると、結果が伴っているというのもまた浮き彫りになってくる。

どうして、阪神は高卒選手をうまく育てられないのか――。

その最大の課題を、次章で検証してみる。

HANSHIN

第4章 育成

――〝掛布雅之以降〟に高卒野手が育っていない

TIGERS

掛布雅之

（かけふ・まさゆき）

1955年5月9日生、千葉県出身。
習志野高から1973年ドラフト6位で阪神入団。
本塁打王3回、打点王1回、ベストナイン7度、
ゴールデングラブ賞6度。藤村富美男、村山実、田淵幸一に次ぎ、
4代目の「ミスター・タイガース」と呼ばれる。
阪神15年で1625試合出場、通算打率・292、349本塁打、1019打点。

阪神は、高校生が育たない。

その〝負のレッテル〟は、阪神の拭い難い定説のごとく、広まってしまっている。

２０２３年、15年ぶりに監督へ復帰した岡田彰布は、就任直後の２０２２年秋季キャンプ開始直前、その「育成」を最大の課題に挙げた。

岡田は、２０２３年にプロ４年目を迎える井上広大《いのうえこうた》（大阪／履正社高／19年２位）、同２年目の前川右京《まえがわうきょう》（三重／智辯学園高／21年４位）という２人の高卒外野手の名を挙げ、今後、徹底的に鍛えていきたいという「未来図」を明かした。

「その辺がレギュラーに食い込んできてほしいよな。レギュラーポジションを取ってる高校生いてないの、阪神だけやもんな。それはちょっと寂しいよな」

「阪神だけには選手を預けたくない」

膨れ上がる補強費の抑制と戦力の均等化を図るため、１９６５年に導入されたドラフト会議（新人選手選択会議）は２０２２年までに62回、開催されている（※１９６６年は第１次、第２次の２回、高校生と大学・社会人の分離ドラフトだった２００５～２００７年も、それぞれの年を２回開催とカウントしている）。

阪神が指名し、入団した４１４人のうち、高校生は１８８人。指名全体の「45・４％」となるが、その割合は12球団中「７位」の数字に相当する。

高校生の指名割合が最も高いのは、広島の「56・１％」で、次いでソフトバンクの「54・４％」、これに続く３位の巨人は「49・０％」となる。

広島は、高校生をじっくり育て上げるという「育成型」のチームであり、その一貫した球団の方針と、たたき上げの選手を中心としたチーム構成は、広島の伝統ともいえる。

ソフトバンクと巨人は、広島とは対照的に「金満球団」と揶《や》揄《ゆ》され、巨額の資金を投入したＦＡや外国人の大型補強にも積極的に乗り出していく。その一方で、ドラフトは育成・素材重視の指名方針に比重を置いていることが、データからも明確に表れている。

もちろん「数」として多く獲るのだから、選手間の競争は激しくなる。

巨人なら、岡《おか》本《もと》和《かず》真《ま》（奈良・智辯学園高）、坂《さか》本《もと》勇《はや》人《と》（青森・光星学院高〈現八戸学院光星高〉）。

ソフトバンクでも、中《なか》村《むら》晃《あきら》（東京・帝京高）、今《いま》宮《みや》健《けん》太《た》（大分・明豊高）、栗《くり》原《はら》陵《りょう》矢《や》（福井・春《はる》江《え》工）、さらには育成出身の千《せん》賀《が》滉《こう》大《だい》（愛知・蒲郡《がまごおり》高／２０２３年からニューヨーク・メッツ）、甲《か》斐《い》拓《たく》也《や》（大分・楊《よう》志《し》館《かん》高）、牧《まき》原《はら》大《たい》成《せい》（熊本・城北《じょうほく》高）ら高卒選手を育成し、チームの中心に据えていくという方針が貫かれている。

阪神の場合、2012年に大阪桐蔭高のエース・藤浪晋太郎を1位指名しているが、それ以前の高校生ドラフト1位指名となると、2005～07年の大学・社会人と高校生の分離ドラフトとなった3年間を除き、1998年の高知商・藤川球児まで遡ることになる。

週刊誌や夕刊紙、スポーツ紙に「関係者によると」という出処不明、裏取り不能なコメントをもとに、高校野球の指導者たちが異口同音《いくどうおん》に語っているという、ある〝噂〟がある。

「阪神だけには、選手を預けたくない」

ちなみに「阪神」「高校生」「行かせたくない」の3つのワードでヤフー検索をかけてみると、なぜか「2018年」に書かれたとされる記事が頻出する。

藤浪が入団から3年連続で2桁勝利をマークしながら、プロ4年目の2016年から成績が伸びなくなり、制球難で苦しみ続けていた頃だ。

2018年、藤浪の母校・大阪桐蔭高は、藤浪がエースとして大車輪の活躍を見せた2012年以来の、甲子園春夏連覇を果たしている。

根尾昂《ねおあきら》（中日18年1位・投手）、藤原恭大《ふじわらきょうた》（千葉ロッテ18年1位・外野手）ら優勝メンバーから4人がドラフト指名を受けるのだが、藤浪が〝停滞〟していた状況に、高校野球の指導者らが阪神の育成力に疑問符をつけ、教え子を送り出すことへの不安があるというのが話の大筋だ。

「自分が入って何年間かは、球団のゴタゴタとか、そういうのばっかり表に出てしまっていたもんな。８月頃には優勝がなくなって『また内紛』とか、しょうもないことをスポーツ紙に書かれてたら、関西の選手は『阪神に行きたくねえ』ってなるよな。関東でもあったよな」

スカウトの菊地の耳にすら、その悪評が入ってくるほどだったのだ。

高卒のたたき上げ、生え抜きのプレーヤーが、なかなか出てこない。その現状に、いつの間にやら「だから阪神はアカンのや」「だから阪神は弱いんや」という〝定番の理由付け〟が添えられ、育成下手のイメージがずっとつきまとっているのだ。

監督の在籍期間と高卒選手の育成期間の〝ギャップ〟

阪神の「ドラフト1位」で新人王に輝いたのは、田淵幸一、岡田彰布、藪恵壹、高《たか》山《やま》俊《しゅん》（千葉／明大／15年1位）の４人。

新人王は８人いるのだが、高卒の選手は一人もいない。

その一人である藪は、阪神で11年間プレーした後、２００５年にＦＡ権を行使、藤浪が２

０２３年からプレーするオークランド・アスレチックスへ移籍した。

メジャー２シーズンで１００試合に登板し、７勝１セーブ10ホールドをマーク。サンフランシスコ・ジャイアンツでの２００８年には39歳１９９日で、当時の日本人メジャー最年長白星もマーク。帰国後の２０１０年は楽天でプレーした後、２０１１年から３年間、阪神の１、２軍で投手コーチを歴任している。

藪は、阪神からコーチ就任のオファーを受けると、メジャーや他球団での豊富な経験を踏まえ、最新のトレーニング法や練習に関し、パワーポイントで資料を作成した上で、球団首脳とのミーティングに臨み、プレゼンテーションを行ったという。

「阪神は監督が代わると、また『ご破《は》算《さん》で、願いましては』となる。方針が途切れて転換しちゃうし、伝統が続かないんですよね。ウチのシステムに入れれば、必ずこうなりますよというのは、セ・リーグならヤクルトであり、広島であり、ＤｅＮＡであり、パ・リーグだとソフトバンクであり、西武ですよね。阪神にはないですよ。そういうのが出てこない」

日本一翌年の１９８６年以降、２０２２年までの37シーズンで監督はのべ12人。「３年」平均で、政権交代が起こっていることになる。

高卒選手は、大学へ行ったと仮定しての「４年」が育成期間といわれている。だから計算上では、監督の方針がその育成期間中に途切れてしまうことになる。

阪神の育成に一貫性がないとよくいわれるのは、この点が大きく関わっている。

だからこそ、この〝ギャップ〟を埋めるのが「フロントの力」であり、それがチーム作りの根幹を担う「育成」を左右するのだ。

掛布以降伸びていない高卒野手

それだけに、藪の指摘は、驚愕の事実でもある。

「誰一人、いないでしょ？」

「高卒野手」が、ここ30年近く、阪神では伸びていないというのだ。

「掛布さんくらいでしょ？　後は、今岡《いまおか》（真訪《まこと》〈誠〉・兵庫／東洋大／96年1位）も、岡田（彰布）さんも、鳥谷（敬）も、みんな大学出。これだけの歴史があって、高卒のキャッチャーなんか、誰もいないでしょ？　ゼロでしょ？」

藪の指摘を受け、生え抜きの「高卒野手」に関して調べてみた。

１９８０年から8年連続で掛布雅之が「開幕４番」を務めたが、その〝掛布後〟に、高卒の生え抜き選手で「開幕４番」を務めたのは、２０００年の新庄《しんじょう》剛志《つよし》（福岡／西日本短大付高／89年５位）、２００３年の濱中《はまなか》治（和歌山／南部高／96年３位）だけ。

その２人も、その後の「開幕４番」はなく、クリーンアップ定着もできていない。

掛布以降の高卒野手で、阪神在籍中に通算５００安打以上を放ったのは、８０７本の関本《せきもと》賢太郎《けんたろう》（奈良／天理高／96年２位）と５０５本の浜中、９５５本の新庄の３人だけ。

１６５６本の掛布の後、高卒野手では〝大台〟に誰も到達していないのだ。

田淵以降の主なレギュラー捕手を見ると、若菜嘉晴はクラウンライターライオンズ（現西武）から、木戸克彦は田淵と同じ法大出身、嶋田宗彦《しまだむねひこ》（和歌山／84年４位）も社会人の住友金属出身、山田勝彦《やまだかつひこ》（愛知／87年３位）は東邦高からの入団だが、２００３年には日本ハムへ移籍している。

２０１９年から２０２２年まで４年間、阪神監督を務めた矢野燿大は中日から、城島健《じょうじまけん》司《じ》（長崎／別府大附属高〈現明豊《めいほう》高〉／10年移籍）はメジャーのマリナーズからの移籍で、梅《うめ》野隆太郎《のりゅうたろう》（福岡／13年４位）は福岡大出身だ。

育て切れないのか、育つまでに時間がかかって待てないからなのか。

２０１５年からの３年間、ドラフトで高校生の野手を指名していない。

なぜ「過去の育成例」を整理していないのか?

阪神には、１９３５年の創立から２０２２年まで「87年」という長い歴史がある。
そうした蓄積の中から、ある程度の〝法則〟のようなものを抽出し、マニュアルとまではいかなくても、このタイプの選手にはこう、この選手はこんな練習をして成長したという「育成例」を提示することができないだろうか。

高校卒のルーキーなら、アマ時代の練習環境や体力のレベルを踏まえ、過去のパターンと照らし合わせるなどして、ここまでなら「できる」といった指標や目安は出せるだろう。

そうした経験則の積み重ねを「持ってなきゃダメなんです」と藪は強調する。

「積み重なっていくはずじゃないですか。でも、それがないんですよ。そういうのがあるだけでも、全然違うと思うんです。例えば掛布さんなんかは、もうその最たるものじゃないですか。毎日、どれだけべろべろに酔っ払っていようが、素振りをやっていたとか。そういう話も、マニュアル化したりするのは全然できますよね」

そうした〝例示型〟ともいえる「育成法」を、藪は「ヘリコプター理論」と表現した。

「まず先に『上』を見せておいてから、後は自分でそこへ上っていきなさいよ、というように、視線を変えていかないといけない。その上がっていく時間やスピードは、みんなまちまちなわけじゃないですか。ただ、それは絶対に短い方がいい。そのためにも、最初に一番高いところを見せて、そこにこうやっていきなさいという方法論をはめ込んで、チョイスしていくわけですよ」

掛布のようにやれ、とまでは言わなくても、そうした過去のパターンをベースに、育成プログラムを選手個々の能力、性格などに応じて組んでいくことはできる。

谷村も、阪神の歴史を踏まえた上での「教材」は、いくらでもあるはずだという。

「そりゃ、なんぼでもできるで。例えば、フリーな時間に、岡田（彰布）のバッティングのビデオを見せて『これ、どこがええと思う?』と話すとか、昔の村山（実）さんや小山（正明・兵庫／高砂高／53年入団）さんは、こんな放り方やったんやでと。今はこういう放り方のピッチャーはおらんけど、２人はこれだけ体を使って放ってたんや、とかな」

阪神のような伝統のある球団だからこその「温故知新」でもある。

掛布雅之は〝自分で努力して育った〟

谷村の阪神在籍時代（１９７１〜１９７９年）は、掛布雅之が台頭してくる時期とちょうど、重なっている。

「カケはその当時、入ってきた時、金田《かねだ》（正泰《まさやす》・京都／平安中／42年入団）監督やったけど、サードで1年間、目つむって使ったんちゃう？　エラーもあって暴投もあったけど、1年間使って、結局2年目に爆発した。それだけの能力があったということや。だから、使わなアカンねん。途中で諦めんとな。ミスもあるやろうけど、だってみんな、ミスするんやで。結局、使われたら本人は努力するやん。それが力になる。そこやろ」

掛布は、著書『4番打者論』（宝島社新書）で、監督の金田正泰に、高卒1年目で「開幕1軍」へ抜擢《ばってき》された際に聞いたという〝説明〟を記している。

安藤コーチによると、金田監督はこうも口にしたという。

「あいつはタイガースの将来を担う選手になる。二軍の環境で育ててはダメだ。教えられることも大切だが、一軍という環境の中で、一軍の野球をいかに吸収するか。自分の目で野球を盗み、それを自分のものにするためにも、俺は掛布を一軍で鍛えることを決めた。それが、掛布本人にとってもタイガースにとってもプラスになるんだよ」

こいつは、モノになる。将来を見据えて、こいつを育てる。見抜き、信じ、我慢して使い続けるという、首脳陣のそうした覚悟も重要なのだ。

掛布の高卒1年目、１９７４年は83試合で打率・２０４、３本塁打。これが2年目の１９７５年には、１０６試合で11本塁打、打率・２４６とステップアップし、３年目の１９７６年に打率・３２５でセ5位、27本塁打を放ち、初のベストナインに選出されている。

谷村は、若き掛布が飛躍していくその姿を、間近で見ていたのだ。

「まあ悪いけど、ホンマ、ミスだらけやったわ。だけど、それを打つ方でカバーしとったし、スイングがもう違ったもんな。育てていくより、勝手にカケが育っていくんや。自分で育っとる、成長しとるわ。使ってもらったお陰でな。オフに何をしてたかは知らんけど、常にバットを振ってたと思う。誰も教えてへん。育つんや」

場を与える。そのチャンスをつかむ、そして逃さない。

それが、プロの世界で生き残るすべでもある。

「育てる、育てるって、よく言葉は出てくるけど、自分で努力して育たなあかん。それが本当に、自分の財産というか、野球での財産になるんとちゃうかな」

そのための環境を整えるのが球団、選手はその場で〝育っていく〟必要があるのだ。

下位指名の高卒選手育成の難しさ

藪、川尻、坪井、赤星といった社会人出身の逸材を獲得し、鳥谷のような大学生の超目玉選手を口説き落とした菊地でさえも、こう吐露するほどだ。

「下位の高校生を獲るというのは、結構、勇気がいるんですよね」

菊地も、１９９４年5位指名の神奈川・霧が丘高の矢野《やの》正之《まさゆき》、２００７年の大学・社会人ドラフト4位指名のシャンソン化粧品・黒田《くろだ》祐輔《ゆうすけ》を担当している。

矢野は高校を2回留年。その〝5年生〟では公式戦に出場できないため、監督を務めながら練習をしていたという、それこそ隠し玉の存在だった。

身長1メートル92の長身右腕・黒田も、駒大を中退後、母校の静岡高で練習を続けながら、野球部のないシャンソン化粧品で働いていたから、それがプロ入り前の最終経歴になったという変わり種でもある。

しかし、矢野は4年間で1軍登板は3試合のみ。黒田は1軍登板のないまま、4年目に外野手に転向したが、野手としても1軍に上がれず、6年でプロ生活を終えている。

「絶対にモノになると思って獲ったんだけど、2人とも1軍戦力になれなかったな。俺の見る目がなかったんだよ」

はっきりと自らの落ち度を語るのも、菊地のスカウトとしてのプライドだろう。

「能力はあったんだよな。でも結局、プロに入って、どの位置に自分がいるとか、何が足りないとか、そういうことを考えずに、ただ与えられたノルマだけをやっているんじゃ、やっぱりそのまま頭打ちになっていくんだよね。矢野は、俺、惚《ほ》れたもんね。黒田も、あの身体能力はホントにすごかった。でも、性格的に長続きしないんだろうな。例えば社会人で2年ほどプレーして、プロに入るまでのワンクッションを置いて、まず体力からつけていく。そういうスタートができていれば、大化けしたんじゃないかと思うよ」

高校生に関しては、よく「原石」とか「進学校のエース」といったフレーズを聞くが、こうした選手たちは現実的に、高校時代に本格的な練習をしていないケースが多い。

だから、そうした無名の選手たちに関して、プロのスカウトたちが声を揃えて言うのは「練習の仕方を知らない」ということだ。

それは、プロの練習にまず、ついていけないことを意味しており、練習の強度を上げた途端に怪我をしたりする可能性をはらんでいるだけに、獲得にはある程度のリスクも伴う。

ソフトバンクの「システム」と「育成環境」

そうした部分を「育成選手」という形で、数年のスパンでプロとしての体作りや環境に慣れさせるというプロセスを組織化したのがソフトバンクだ。

育成に特化したシステムや施設の充実を行った上で「３軍制」を敷き、その３軍発足から13年目となる２０２３年からは「４軍制」へと拡大している。

菊地が獲った矢野や黒田のような選手にこそ、最も必要な環境とシステムかもしれない。

「ソフトバンクは、組織として施設も十分与えて、何もかも全部揃えて、高校生や育成選手を獲ってきているけど、阪神にはない。そんなので、育成だけ獲りましょうって言っても、ただの二番煎《せん》じ。それは無理に決まっているわな」

菊地の指摘には、うなずける部分が大きい。

かつて阪神の監督、ＧＭ（ゼネラルマネジャー）を歴任した中村勝広に、育成制度に関して取材したことがある。

その時、中村は「否定的な感覚」と語っており、阪神は中村がＧＭに就任した２０１２年からの５年間、ドラフトで育成選手を指名していない。

「選手は育成ドラフトにかかれば、そりゃ飛びつきますよ。チャンスをつかみたいでしょうからね。でも、獲る側の責任としては中途半端に選手に夢を与えるのはいかがなものかと思うんだ。だから、70人の（支配下選手）枠で取るべし。俺はそういう考えが強い」

中村の見解は、球団の事情も踏まえた上での明確な道筋を示している。

逆にソフトバンクは、育成のための施設と環境整備に、惜しみなく投資している。

ファーム施設のある福岡県筑後《ちくご》市の敷地は、およそ７万平方メートル。甲子園球場２個分の広大な土地を所有する同市から無償貸与されている。

２球場と寮、室内練習場を整備しての初期投資には、およそ60億円を投じた。

筑後の２球場はいずれも本拠地・ペイペイドームと同スケールで、一つは人工芝、もう一つが土&天然芝。筑後が本格稼働したのは２０１６年からだが、３軍制がスタートした２０１１年から２０２２年までの12年で、育成出身の千賀滉大、甲斐拓也、石川《いしかわ》柊《しゅう》太《た》（創価大）、周東《しゅうとう》佑《う》京《きょう》（東農大北海道オホーツク）と４人がタイトルホルダーとなった。

この４人は「侍ジャパン」のメンバー入りも果たし、国際試合も経験している。

都市部で育成のための「ハード面」の拡充は困難

阪神も一時期「３軍制」を本格的に検討し、育成指名の選手を増やしたことがある。

ところが、まず鳴尾浜《なるおはま》にある寮の部屋が足りなくなった。そこで、別にマンションの部屋を借り上げて、育成選手を住まわせたこともある。

鳴尾浜には、球場が1面だけ。室内練習場もあるが、これも数人が打撃練習をすれば、スペースがいっぱいになるくらいの広さだ。

ならば阪神だって、ソフトバンクと同程度の育成施設、つまり2球場、室内練習場、寮を完備した一大拠点を整備して育成を強化し、コーチやスタッフも増やし、高卒のたたき上げ、生え抜き選手を育てていけばいいじゃないかと、つい単純に思ってしまいがちだ。

「阪神、ケチるな」「儲けてるやろ」

そんな〝尾ひれ〟がついた上で、阪神の育成についての悪評が流れるのも、これまた関西の常でもある。

しかし、まずは甲子園に近いところ、ソフトバンクの筑後のように、1軍本拠地まで車で1時間以内の場所、と限定してみよう。

関西近郊で、それだけの広い土地を探しても、まず簡単には見つからないだろう。

また、土地の取得費用をはじめ、資金面の問題もネックになってくる。阪神のような都市圏を本拠とする球団は、その費用対効果を考えると、ハード面の整備と育成の成果が〝見合わない〟という経営上の判断が出ても、決しておかしくはない。

そうした背景を踏まえた上で、菊地がこう指摘する。

「練習施設的にも全然追いつかないし、指導者の数も選手の数も足りない。そんな状況で育成といっても、その体制ができていないのに、形だけ作っちゃってもね。俺は個人的になら、育成の選手って獲ろうと思わない。まして育成って言ったって、高校生でプロからそういう評価だったら、大学や社会人からも話がありますよ。10人育成獲って、1人あたったら、結局それで大成功なんだ。でも残りの9人が若いうちに野球を離れたら、道がなくなるっていう形になるわけで、俺はそういうスカウト活動はしたくなかったんだよな」

ソフトバンクの場合、育成入団の選手には、引退後にソフトバンクのグループ内で就職の斡旋《あっせん》ができることも伝えて、入団交渉を行っている。

そうした将来の「セカンドキャリア」も組み込んだ上で、育成契約を結ぶのだ。

2軍と3軍の試合が同時に組めるような陣容、施設も整えなければ、選手が増えるだけでは、1人あたりの実戦経験も減ってしまうという弊害すら出てくる。

育成重視を謳って高校生を多く指名し、選手層を厚くしたように見えても、ソフトとハードの両面が整わなければ、かえって育成面でのマイナスになりかねないのだ。

2014	2015	2016	2017	2018	2019	2020	2021
岡本和真 29	桜井俊貴 6	吉川尚輝 4	鍬原拓也 4	高橋優貴 6	堀田賢慎 0	平内龍太 2	**大勢** 3
竹下真吾 0	原樹理 8	寺島成輝 2	**村上宗隆** 40	**清水昇** 14	奥川恭伸 2	木沢尚文 2	山下輝 0
高橋光成 14	**多和田真三郎** 9	今井達也 8	齋藤大将 2	松本航 8	宮川哲 6	渡部健人 0	隅田知一郎 0
野村亮介 0	小笠原慎之介 10	**柳裕也** 22	鈴木博志 6	根尾昂 2	石川昂弥 0	高橋宏斗 2	ブライト健太 0
野間峻祥 8	岡田明丈 6	加藤拓也 4	中村奨成 0	小園海斗 4	**森下暢仁** 10	**栗林良吏** 7	黒原拓未 0
山崎福也 12	**吉田正尚** 35	**山岡泰輔** 15	田嶋大樹 8	太田椋 2	**宮城大弥** 7	山下舜平大 0	椋木蓮 0
中村奨吾 17	平沢大河 2	佐々木千隼 6	安田尚憲 4	藤原恭大 2	佐々木朗希 4	鈴木昭汰 2	松川虎生 0
山﨑康晃 29	今永昇太 14	浜口遥大 10	東克樹 5	上茶谷大河 6	森敬斗 2	入江大生 2	小園健太 0
有原航平 16	上原健太 6	**堀瑞輝** 13	清宮幸太郎 4	吉田輝星 2	河野竜生 4	伊藤大海 4	達孝太 0
横山雄哉 0	**髙山俊** 5	大山悠輔 8	馬場皐輔 4	**近本光司** 30	西純矢 2	佐藤輝明 2	森木大智 0
松本裕樹 10	高橋純平 2	田中正義 2	吉住晴斗 0	甲斐野央 6	佐藤直樹 0	井上朋也 0	風間球打 0
安楽智大 14	オコエ瑠偉 2	藤平尚真 4	近藤弘樹 0	**辰己涼介** 10	小深田大翔 4	早川隆久 4	吉野創士 0

※選手名太字はタイトル獲得者を表す。
※ポイント換算はドラフト指名された球団在籍中のもので、いずれも2022年シーズン終了時点。

「20ポイント以上」の1位選手を育てる

ここで、各球団の育成の成否を図る指標を、独自に作ってみた**（図版2）**。

野手なら「出場試合数」、投手は「先発登板数」「救援登板数」に分けて、試合数を重ねていくごとに、ポイントを加算していく仕組みだ。

通算安打数や勝利数などの個人成績は一切加味していない。そこに疑問を挟む読者の方々は多いかもしれないし、種々の異論があるのは承知の上で、話を進めていく。

ただ、この等式に関しては、誰もが納得していただけるだろう。

「出場試合数が多い＝チームで長く活躍して

	球団	ポイント	2008	2009	2010	2011	2012	2013
1	巨人	218	大田泰示　2	**長野久義** 37	**澤村拓一** 24	松本竜也　0	**菅野智之** 90	**小林誠司** 11
2	ヤクルト	166	赤川克紀　6	中沢雅人 10	**山田哲人** 56	川上竜平　0	石山泰稚 24	杉浦稔大　2
3	西武	159	中崎雄太　0	**菊池雄星** 31	大石達也　6	十亀剣 20	**増田達至** 32	**森友哉** 23
4	中日	129	野本圭　4	岡田俊哉 16	**大野雄大** 34	高橋周平 17	福谷浩司 14	鈴木翔太　2
5	広島	126	岩本貴裕　4	今村猛 20	福井優也　8	**野村祐輔** 30	高橋大樹　0	**大瀬良大地** 25
6	オリックス	125	甲斐拓哉　0	古川秀一　4	後藤駿太　8	安達了一 12	松葉貴大 10	吉田一将 12
7	ロッテ	118	木村雄太　2	**荻野貴司** 25	伊志嶺翔大　4	藤岡貴裕 16	松永昂大 12	**石川歩** 22
8	DeNA	111	松本啓二朗　4	**筒香嘉智** 25	須田幸太 10	北方悠誠　0	白崎浩之　4	柿田裕太　0
9	日本ハム	109	**大野奨太** 11	中村勝　6	斎藤佑樹　6	菅野智之　―	**大谷翔平** 33	渡辺諒　4
10	阪神	100	蕭一傑　0	二神一人　0	榎田大樹 10	伊藤隼太　4	**藤浪晋太郎** 21	岩貞祐太 14
11	ソフトバンク	96	巽真悟　0	**今宮健太** 35	山下斐紹　0	武田翔太 18	**東浜巨** 17	加治屋蓮　6
12	楽天	92	藤原紘通　2	戸村健次　8	塩見貴洋 14	武藤好貴　4	森雄大　0	**松井裕樹** 26

図版２　12球団ドラフト１位の活躍指数

いる」

つまり、ポイントが積み重なった選手ほど、そのチームの主力級であるという、一種の証明にもなる。なので、弾き出したポイントは「チームへの貢献度」と考えていただきたい。

野手は「１００」「３００」「５００」「７００」「１０００」の出場試合数で区切り、そのカテゴリーに到達した時点で「２ポイント」を加算していく。

１０００試合を超えれば、再び「１１００」「１３００」……の形で加点を繰り返していく。

投手は、先発試合数で「15」「30」「50」「75」「１００」、リリーフは「30」「60」「１００」「１５０」「２００」で区切った。

これも野手と同じ形式で、そのカテゴリーに到達した時点で「2ポイント」を加算する。

さらに「タイトル獲得者」には、タイトル一つにつき「3ポイント」を与えた。

試合数の換算で「1シーズン＝143試合」をフルに出場すれば〝3ポイント相当〟になることから、これとイコールと判断しての「ボーナス点」でもある。

新人王は、対象が1～5年目の選手に限定されることもあり「1ポイント」にした。

こうして、各球団の「ドラフト1位」の選手たちのポイント数を計算、比較してみた。

一つの〝基準点〟としたのは、ポイント「20」の到達だった。

国内移籍のFA資格は、2007年以降のドラフトで入団した高卒選手が累計8年、大学・社会人選手が累計7年で取得となる。

FA資格は、出場選手登録「145日＝1年」の規定になっている。本書では便宜上、フルシーズン＝143試合＝1年と換算することにする。

そうすると野手の場合、「1100試合＝約8年」にフル出場し、タイトルを3度獲得すれば、FA権の取得に必要な年数をクリアした上で、ポイント「20」に届く計算になる。

これを、チームの主力級として活躍している一つの「指標」と仮定してもいいだろう。

この「20ポイント以上の選手」が入団した年から、5～10年後にチームが優勝、さらには日本一に輝いているという、一定のパターンのようなものが見えてくる。

山田「56」、村上「40」に象徴されるヤクルトの育成力

逆指名がなくなり、現行の入札制になった２００８年から２０２２年までの15シーズンでリーグ優勝を果たしていないのは、阪神、ＤｅＮＡ、千葉ロッテの３球団だけだ。

２００８～２０２２年の阪神のポイント数は「１００」で12球団中10位。ＤｅＮＡは「１１１」で同8位、千葉ロッテは「１１８」で同7位となる。

対照的にヤクルトの育成力の高さが、このポイントで浮き彫りになってくる。

２０１０年のドラフト１位・山田哲人《やまだてつと》（大阪／履正社高）は「56」。２０２２年までのポイントだから、12シーズンでこれだけ稼いだことになる。

独自に作成した指標ゆえに、すごいと断言するのには少々無理があるかもしれないが、山田１人でこの12シーズンの間に「主力級３人分」の仕事をしているのに等しい。

２０２２年、史上最年少で「三冠王」に輝いた村上宗隆《むらかみむねたか》（熊本／九州学院高）は5年で「40」に到達した。

その年の他球団１位で、村上に次ぐオリックス・田嶋大樹《たじまだいき》（栃木／ＪＲ東日本）は「8」

だから、村上のチームへの貢献度は、それこそ計り知れないものがある。

こうした中核になる選手を「５～10年」のスパンで生み出していくことができれば、チームは確実に強くなるという、相関関係が見えてくる。

ドラフト１位が、チームの根幹を担うというわけだ。

ヤクルトがリーグ優勝を果たした２０１５年は、山田の５年目にあたる。

さらに山田の11年目、村上の４年目となる２０２１年に日本一、山田12年目、村上５年目の２０２２年にもリーグ連覇を果たしている。

巨人でも、２００６年の坂本勇人が「66」、２０１２年の菅野《すがの》智之《ともゆき》（神奈川／東海大）が「90」、２０１４年の岡本和真が「29」。すると、坂本、菅野の投打の柱が固まった２０１２年からはリーグ３連覇、岡本が主力に成長した２０１９、２０年にもリーグ連覇を達成している。

西武も、２０１２年１位のストッパー・増田《ますだ》達至《たつし》（兵庫／ＮＴＴ西日本）が10年で「32」、２０１３年１位の正捕手・森《もり》友哉《ともや》（大阪／大阪桐蔭高／２０２３年からオリックスへＦＡ移籍）が９年で「23」を積み重ねた。

すると２０１８、19年にリーグ連覇を果たしている。

ソフトバンクの〝育成選手成長度〟は他球団を圧倒

この育成力をポイントに換算した時、球団別だとソフトバンクが「96」で、阪神よりも下の12球団中11位という、意外とも映る結果が出ている。

１位指名した選手の伸び悩みが目立つのだが、これを補って余りある成果を出しているのが、育成指名から成長してきた多くの選手たちである。

先述の通り、千賀滉大、甲斐拓也、石川柊太、周東佑京とタイトルホルダーが４人誕生。２０２１年までに育成指名した87人のポイントを総合計してみると「１３３」になる。

これに次ぐのが巨人の「62」、ロッテの「39」、ＤｅＮＡの「30」で、６位タイの阪神は「８」。ヤクルトは10位タイの「２」で、日本ハムはいまだ「０」だ。

「20」が主力一人の目安だとしたが、そうするとソフトバンクは、育成だけで「７人」の１軍主力級を生んだことになる。

この章のポイント制は、１位指名を対象にしてきた比較をしてきたので、このソフトバンクの件に関しては、１位が伸びていないのになぜ強いのかという、補完の意味合いで説明していることをご理解いただきたい。

	球団	ポイント	育成選手指名数	タイトル獲得者数
1	ソフトバンク	133	87	4
2	巨人	62	93	2
3	ロッテ	39	35	2
4	DeNA	30	22	0
5	西武	10	18	1
6	阪神	8	16	0
6	楽天	8	31	0
8	中日	6	24	0
8	オリックス	6	35	0
10	ヤクルト	2	20	0
10	広島	2	28	0
12	日本ハム	0	10	0

図版３　12球団育成選手の活躍指数と指名数

※指名人数は2021年ドラフトまで。
※ポイントは2022年シーズン終了時点で換算した。

ただ、少々俗っぽい言い方にはなるが、１位指名の契約金１億円に対し、育成での支度金は３００万円前後だ。つまり安く、たくさんの選手を取って、その中から１人でも２人でも１軍戦力が出てくれば〝儲けもの〟なのだ。ソフトバンクは２０２３年から「４軍制」に拡大、育成のシステム化をさらに進めながら、貴重な戦力を続々と生み出している。

逆指名時代の阪神高卒野手のポイントは「0」

一方、阪神の場合、２００８年以降で「20」に到達しているのは、藤浪の「21」と２０１８年・近本《ちかもと》光司《こうじ》（兵庫／大阪ガス／18年１位）の「30」の２人。

ちなみに、２０１６年の新人王・高山俊は

「５」にとどまっている。

逆指名ドラフト時代の１９９３年から２００７年まで、高校生の野手を１位指名したのは１９９７年の捕手・中谷仁（和歌山／智辯和歌山高）、２００６年の内野手・野原将志《のはらまさし》（長崎／長崎日大高）、２００７年の高濱卓也《たかはまたくや》（佐賀／横浜高）の３人だが、前述した２００８年以降のドラフト選手の比較で使ったポイントで換算しても、いずれも「０」なのだ。

「やっぱり、高校生がなかなかうまくいかないんだよ。高校生をどういう風にもっていくか。心の強さとか、何かこう、特に持っているとかなんだけど、高校生に〝それ〟というのは、すごく難しいことなんだよな。ウチの場合は、ましてや１位でいくのなら、注目度がはっきり言って違うわけだから、やっぱり図太いとか、神経が太いのでないとね」

そう説明する菊地が具体例として挙げたのは、井川慶の「マイペース」と、鳥谷敬の「ストイックさ」だった。

この２人とも菊地が担当し、他球団を振り切って阪神入団へこぎつけている。

阪神のドラフト１位という「看板」の重さに耐えられる「精神力」が、やはり成功へのキーファクターになってくるというのだ。

究極のマイペース――井川慶

１９９７年に注目された「高校左腕三《さん》羽《ば》烏《がらす》」がいた。

京都・平安高（現龍谷《りゅうこく》大平安高）・川口《かわぐち》知《とも》哉《や》、鳥取城北高・能見《のうみ》篤史《あつし》、水戸商・井川慶。

その年の２位指名で阪神に入団した井川は、18年ぶりのリーグ優勝を果たした２００３年に20勝を挙げ、最多勝、最優秀防御率、ＭＶＰに沢村賞を獲得した。

高校卒業後に社会人の大阪ガスに進んだ能見も、阪神は２００４年に自由枠で獲得、阪神在籍中の16年で１０４勝をマークしている。

オリックスに１位指名された川口がプロで未勝利のまま終わっているだけに、井川、能見の獲得は、阪神のドラフトの歴史の中でも「大成功」の好例でもある。

茨城県をこの年から担当することになった菊地は、春の県大会２回戦から水戸商・井川に目をつけていたという。

視察した試合で７回参考ながら、21アウトのうち18三振を奪うという桁違いの力を見せつけられたのだが、成長痛の影響で腰痛を発症、登板機会が少なくなったという。

一方、平安の川口は夏の甲子園で準優勝。「完全試合が目標」とお立ち台で叫んだりするビッグマウスぶりも相まって、一躍スターダムにのし上がってきた。

「自分の中で、模索するわけですよ。川口はピッチャーとして、マウンドでの雰囲気はものすごくいい。でも、自分を大きく見せようとしているのかな？　余分な動きとか、そういうのが多いんですよ。それは安達（智次郎）もそうだった。そういうピッチャーは、結構気が小さい傾向があるんですよ。そういうのを見ていたら、もう全然、井川の方が上だなと」

菊地は、井川の上位指名を球団に進言した。

当時は上位2枠で、大学生・社会人の逆指名での獲得が可能だった。不作といわれたその年、巨人は慶大の外野手・高橋由伸、中日も明大の投手・川上憲伸《かわかみけんしん》の逆指名にこぎつけた。投打の目玉の方向性が決まると、他球団の駆け引きが激しくなった。

阪神は、1位で智辯和歌山高の捕手・中谷仁、2位で井川の方針を固めた。

高校生を1位で指名すると、競合して抽選の可能性もあるだけにリスクは伴う。他球団の動きを見ながら、確実に獲るための下準備や調整能力が、当時のスカウトには必須だった。

日本ハムも、井川を狙っているという動きは、菊地には分かっていたという。

ただ日本ハムは1位で近大の左腕・清水章夫《しみずあきお》を逆指名で獲得する方針が固まっていた。ドラフト戦略的には、左腕投手を2人、上位で指名することは考えづらい。

他球団をけん制するため、ドラフト直前には「井川1位、中谷2位」すらにおわせ、井川獲得への地固めを怠らなかった。

その井川が、運転免許証を取って、水戸の地元を初めて走った時のエピソードに、菊地は、プロでの成功を確信したという。

「井川は、一般道を耕運機よりも遅く走ったって。追い越し禁止のところでね」

つまり、速度規制のルール通りに走ったのだという。後続の車は、イライラする。他の車も、対向車もほとんど来ない。歩行者だってまばらな地方の公道でのことだ。なら、制限速度より少しばかり速く走ったって問題がないというより、交通の流れを考えれば、もう少々、アクセルを踏むべきな状況でもある。

「それを気にしないのが、井川なんですよ。ホント、他のことは我関せず、もうピッチャーなんだよな、いい意味でのピッチャー。周りのことなんて、全く聞こえない。どうでもいいわけですよ」

２００３年の優勝当日には、翌日が登板だからとビール掛けに参加せず、２００５年の優勝当日にも、試合中に練習をしていたために胴上げに間に合わなかったという伝説も〝耕運機よりも遅い車〟の話と同じ根っこだ。

安芸で、菊地が会食に誘うと「あいつは必ず、部屋にいました」

周りに乱されない、究極のマイペース。2位指名の井川だが、これくらいでなければ、阪神の「1位」という重圧には、耐えられないのかもしれない。

ストイックな練習の鬼――鳥谷敬

鳥谷敬は、早大2年春に東京六大学リーグの「三冠王」に輝いた。

巨人をはじめ、全球団が注目した即戦力の遊撃手だ。獲得できれば「向こう10年は、ショートを心配しなくてもいい」といわれたほどの素材だった。

菊地は、毎日のように早大のグラウンドへ通った。しかし、本人との接触はできない。通い続けることで、誠意をアピールすることも重要な任務だ。練習予定などを聞く窓口はマネジャーになるが、菊地はここをフル活用した。

合宿所での鳥谷の様子を、連日のようにレポートしてもらったのだ。

すると、日々のストイックな生活ぶりが手に取るように分かったという。

マネジャーによると、鳥谷はリーグ戦の試合に入る数日前になると、テレビも新聞も一切見ず、完全に自分の世界に入り込むのだという。

夜中になると、なぜかしら、風呂場から音がする。

気になって、マネジャーがこっそりと覗きに行くと、鳥谷が冷水シャワーを浴び、風呂につかり、また冷水、風呂、という繰り返しで、疲労回復に努めている姿があったという。

「そういう話を聞いたら文句なしだよね。堂々としていたね、振る舞いが。名前はマスコミで上がって、そういうのは耳に入るんだけど、自分はそこまでの選手じゃないと思っている。だから、練習しなきゃ絶対にダメだと、それを最後の最後まで貫いたわけですよ。

プロに入ってからも、岡田監督だから、早大ラインだから、力がなくても使ってもらっているとか言われて、藤本《ふじもと》（敦士《あつし》・兵庫／デュプロ／00年7位）も『冗談じゃねえぞ』って思っただろうな。レギュラーをやっと獲ったと思ったのにね。でも、その藤本を黙らせたわけでしょ。『あれだけ練習するから勝てねえよ、アイツには』となったわけだ」

２０１６年に鳥谷が出版した『キャプテンシー』（角川新書）から抜粋する。

アマチュア時代はプレッシャーを感じることもあった。［中略］
「このプレッシャーに打ち勝つためにはどうすればいいのか」
僕は考えた。そして、決めた。
「練習しよう」

徹底的に練習した。練習を続けていると、こう考えられるようになった。

「これだけ練習したのだから、あとは試合でどうなろうと、その結果を受け入れよう」

大学生だった頃から、この〝領域〟に達していたのだ。そうした姿勢と思考を持っていることが、阪神のような人気チームで、自らを見失わない支柱になる。

「そういう強さとか、何かを特に持っている。高校生にそれを、というのはすごく難しいよね。理想的なのは、ピッチャーだったら井川みたいな性格なわけですよ。本当なら藤浪あたりは、1年目から成績を残していたわけだから、ずっといってもらわないと困るんだけど、もうエスカレーターは下りだからね。阪神の1位って、しんどいといえばしんどいよ。それを超えていかなきゃならない。そういう声をシャットアウトできるようなヤツでないとね」

菊地が語るように、阪神というその〝難しい環境〟は、育成面でも大きく影響していると言わざるを得ないのだ。

村上宗隆は「将来の4番」としてルーキーイヤーから英才教育

「育成」には「少数精鋭」と「多人数での競争」の2つに分かれる。

少数精鋭の典型は、ヤクルトと日本ハムの２球団だろう。

ヤクルトの場合、村上宗隆の育成法に、その特徴が顕著に表れている。

熊本・九州学院高時代は捕手だった村上の打力をさらに生かすために、ドラフト指名する時点で「三塁手」として育てる方針を掲げている。

１年目から、ファームで４番に据える。打って、守っての９イニング、週６試合でのルーティンや疲労度、試合中の攻守の切り替えにおけるリズムを体感していく。

２年目に１軍昇格すると、ここでも「４番」に座り続ける。

１４３試合にフル出場、36本塁打を放ったが、三振も１８４で、これはセ・リーグのワーストだ。それでも「将来の４番」としての位置づけは不動なのだ。

対照的に阪神の場合、２０２０年ドラフト１位の佐藤輝明はプロ１年目、59打席連続無安打のセ・リーグワースト記録を更新。そのノーヒットの期間中にスタメンから外され、２軍降格も経験している。

１８４三振でも、試合に出続けた村上の育成法とは対照的だ。

ヤクルトの場合、２０２２年の支配下選手、育成選手を合わせた総人数は74。３軍制のソフトバンクの同１０４選手と比べれば、それこそ１チーム分少ない。

東京の都心部が本拠地のヤクルトも、ソフトバンクのように育成を強化しようとしても、球場や施設を新たに整備するだけの土地を確保したり選手寮を拡大したりすることは、そのスペースの制約や土地取得費用などを考えても、巨額の投資になってしまう。

２０２７年の移転を目指し、具体的な協議に入ったというヤクルトの２軍施設の候補地は茨城県守《もり》谷《や》市だ。１軍のフランチャイズが東京であることを考えれば、決して至便なロケーションではない。

阪神と同様、こうしたハード面の制約からも、選手の人数を容易には増やせないのだ。

「差別」はダメだが「区別」はする

２０２３年から15年ぶりに阪神監督として指揮を執る岡田彰布が、かつて２軍監督時代に育成の方針として強調したのは「差別はアカンけど、区別はする」

すべての選手に、できるだけ平等に実戦機会を与え、練習環境も提供する。

その大前提のもとでの「区別」とは、２番打者と４番打者では、鍛えるべきポイントもグラウンドで求められるパフォーマンスも違う。ならば、将来の４番打者と、つなぎ役の２番打者に対し、与える指示も練習内容も違って当然なのだ。

この選手は「未来の主砲」と見込んだら、英才教育を行う。

ヤクルトは少数精鋭ゆえに、いわば「区別」して、将来に想定される打順や守備位置にはめ込んでしまった上で、重点的に育てていくのだ。

２０２２年が高卒３年目、20歳の長岡《ながおか》秀樹《ひでき》は、セの遊撃手部門でゴールデングラブ賞を獲得した。山田哲人は、高卒１年目の２０１１年にファームで全１１４試合出場を果たした後、中日とのＣＳファイナルステージ第２戦で、高卒新人野手としてＣＳ史上初となる先発出場を果たしている。

山田にとっては、その大舞台が、異例の〝１軍デビュー〟だった。

打率３割２分９厘、本塁打38本、盗塁34で山田が初の「トリプルスリー」を達成したのはプロ５年目。前述したように、２０１５年にヤクルトは優勝している。

この山田に続き、村上が台頭してきたことで、２０２１年の日本一、さらには２０２２年のセ・リーグ連覇という、大きな果実がもたらされている。

ただ少数精鋭の場合、ドラフト戦略がうまくいかなければ、チーム強化はままならない。

ダルビッシュ、中田、大谷――好素材の高卒1位を育てて優勝した日本ハム

日本ハムは、２０２２年に支配下・育成合わせて79人にまで増やしているが、その前年の２０２１年は同70人で、12球団で最も選手数が少ないチームだった。ドラフト戦略では「その年の一番いい選手を１位指名する」という、明快なポリシーを貫いている。

２００４年に東北高・ダルビッシュ有（現サンディエゴ・パドレス）、２００７年に大阪桐蔭高・中《なか》田《た》翔《しょう》（現巨人）を１位指名。２０１１年の東海大・菅野智之（現巨人）には入団を拒否されているが、２０１２年にはメジャー志望を打ち出していた花《はな》巻《まき》東《ひがし》高・大《おお》谷《たに》翔《しょう》平《へい》（現ロサンゼルス・エンゼルス）を１位指名、投打の二刀流での育成プランを提示した上で翻《ほん》意《い》させ、入団にこぎつけている。

逸材を獲得、育成することとチームの成績は、面白いくらいにリンクしてくる。ダルビッシュの２年目・２００６年に日本一、３年目の２００７年はリーグ連覇、２００９年もリーグ優勝を果たした。中田の場合も、１４４試合すべてに４番に座った２０１２年はリーグ優勝。大谷が投打の二刀流でリーグＭＶＰ、投手と指名打者でベストナインに選出された２０１６年には日本一に輝いている。

ただ、年俸の高騰《こうとう》も伴い、球団の台所事情も踏まえた上で、ダルビッシュも大谷も「ポスティング・システム」でのメジャー移籍が容認されている。

裏を返せば、育成した選手をメジャーに〝売却〟し、投資した資金を回収していることになる。ただ、これも球団経営の一手段で、メジャーでも資金力の弱いスモールマーケットの球団が取る手段であり、決してけちくさいとか、選手への情が薄いというものではない。

彼らがいなくなった後、その穴がすぐに埋まればいいが、日本ハムの場合は育成のサイクルがうまくいかなかったこともあり、日本一翌年の２０１７年から２０２２年までの６シーズンでＢクラスが５度。新庄剛志が監督を務め、話題を呼んだ２０２２年も９年ぶりの最下位に終わった。

２０２３年から新本拠地を札幌市から北広島《きたひろしま》市に移した日本ハムだが、２軍の本拠地は千葉・鎌ケ谷《かまがや》にある。１軍と２軍の拠点が距離的に大きく離れていることは、シーズン中のメンバー入れ替えなどを考えても、決して至便とはいえない。

冬の北海道は、気候的な面からも十分な練習環境とはいえない。鎌ヶ谷には、シーズン前の寒冷期に雪や寒さの影響を受けない場所を確保しておかなければならないという一種の危機管理の意味合いもある。そうした環境下で育成を拡充するために「３軍制」を取ろうとすると、その〝３つ目の拠点〟を置くための初期投資、さらには制度発足後のコストといった経済的な問題も絡んでくる。

日本ハムもヤクルトも、逸材と見込んだ選手をポジションにはめ込み、実戦経験を積ませていき、その「区別された選手の成長」とともに、チーム成績も好転させていくという好循環を生んできたのは、昨今のチーム成績を見れば明らかでもある。

ただ、どちらも〝そうせざるを得ない環境〟であることも、また見逃せない現実である。

育成の「場」をいかにして整備するか

２０２２年６月15日、大阪市内で「阪急阪神ホールディングス」の株主総会が行われた。この場で必ずと言っていいほど、株主からタイガースへの質問や要望が出る。

阪神電鉄の取締役スポーツ・エンタテインメント事業本部長を務める谷《たに》本《もと》修《おさむ》は、２０２２年限りで退任の意向を表明していた矢野燿大の次期監督の理想像として「生え抜き重視＝育成重視」の指導者という方針を語っている。

「ようやくチームとして、顔となる選手、軸となる選手が投打ともにドラフト上位の選手が名を連ねてくれるようになりましたので、そこは継承していきたい。そうならないと、本当の強さは出てこない」

そう言及した上で、その直前に閉幕した交流戦のラストゲーム、６月12日のオリックス戦でのスタメンに記されたクリーンアップを、その象徴に挙げている。

３番・近本光司
４番・佐藤輝明
５番・大山《おおやま》悠輔《ゆうすけ》（茨城／白鷗《はくおう》大／16年１位）

ドラフト１位の選手が、チームの中心を担う。

それは、昨今のドラフトでの「戦略」が好転し始めているという一つの証左でもある。その明るい兆しが見え始めている中、阪神は「育成重視」の方針に舵《かじ》を切り始めてもいる。

２０１９年には藤浪以来、７年ぶりに高校生投手の西《にし》純《じゅん》矢《や》（岡山／創志《そうし》学園高）を１位指名。２位にはその夏の甲子園で優勝した履正社高の４番打者・井上広大を指名。育成を含めた指名８人中、上位指名の５人はすべて高校生だった。

２０２１年は高知高の右腕・森木《もりき》大智《だいち》、４位にはその夏の甲子園準優勝の奈良・智辯学園高のスラッガー・前川右京を指名するなど、育成指名を含めた8人中3人が高校生だった。

2025年には、西宮・鳴尾浜から尼崎・小田南公園へ練習場も移転する。メーン球場は3000人収容が可能で、その北側に練習用グラウンド、西側に室内練習場と選手寮が整備される。

また、メーン球場の東側にはサブ球場もあるのだが、これは一般市民も利用できるようにするのだという。そうすると、試合可能な球場は事実上「1つ」で、ソフトバンクや巨人のように、施設も人数も拡充しての「3軍制」にはやはり、ハード面での制約がつく。

そうすると、育成選手の数を抑え気味にした少数精鋭の〝枠の中〟で、どうやって伸ばしていくのかが、大きな課題になってくる。

阪神の実戦機会は〝12球団一の豊富さ〟

実は阪神は、その〝少なめの選手数〟に、平等の実戦機会を与えることに成功しているチームの一つでもある。

1人あたりの試合数を、以下の計算式で出してみた。

1試合12人。なお、計算を簡略にするため、投手と野手の区別はつけていない。

球団	1人あたりの試合数	総試合数	支配下	育成
阪神	43.6	269	66	8
オリックス	43.0	294	65	17
西武	42.4	272	63	14
広島	41.9	262	66	9
ソフトバンク	41.9	363	66	38
ヤクルト	41.2	254	67	7
中日	41.1	260	65	11
DeNA	40.5	260	66	11
ロッテ	40.4	256	65	11
巨人	39.4	332	60	41
日本ハム	36.8	242	66	13
楽天	36.7	257	68	16

図版４　12球団別選手１人あたりの試合数

※選手数の内訳は2022年2月10日時点。

ソフトバンクと巨人３軍の「非公式試合」、それ以外の球団の「練習試合」に関しては、球団ＨＰで日程が確認できた試合数としている。また、１軍のオープン戦、クライマックス・シリーズ、日本シリーズ、ファームの日本選手権、教育リーグ、フェニックスリーグの試合数は、ここではカウントしていない。

総試合数×12÷全選手数＝選手一人あたりの試合数。

これで、２０２２年を計算してみると、阪神がトップなのだ。

ソフトバンクは４軍制への拡大で、選手数を最大で１２２人、試合数を３、４軍で最大２２９試合まで組む方針で、実戦機会を減らさないための方策も立てている。

２０２２年と1軍、２軍が同試合数と仮定しても、ソフトバンクの２０２３年は、前述の計算式に当てはめると、１選手あたりの試合数が「47・9」に跳ね上がる。

育成選手を増やすためには、そのための環境の充実が伴わなければならないのだ。

だからこそ阪神は「ソフトバンク・巨人」型ではなく、少数精鋭、特定の選手には英才教育を施す「ヤクルト・日本ハム」の育成方式が、現状ではベターな形だと言える。

２０２３年の阪神は、支配下68、育成５の計73選手でスタートする。

総人数でいえば、２０２２年より１人減となる。

このスケールであれば、現状の施設でも、ソフトバンクの１人あたりの実戦機会とそん色ない試合数を与えることもできるのだ。

阪神は、自らの環境に応じた育成方針を、やっと見出せてきた感がある。

阪神の育成に適した〝岡田の眼力〟

岡田彰布は、オリックスの監督に就任した直後の２００９年の秋季キャンプで「こんなすごいバッターがおったんか」と、いの一番に目をつけた選手がいた。

それが、当時４年目・21歳の岡田貴弘《おかだたかひろ》だった。

「同じ岡田で紛らわしいやんか」

球団に登録名を公募させ、T—岡田と生まれ変わった翌２０１０年、開幕直後は相手投手の投球に対するタイミングの取り方に、T—岡田は悩み続けていた。

岡田は「お前のパワーなら、あたるだけで飛ぶから」と左打者のT—岡田に、右足を上げさせない「ノーステップ打法」を命じた。

それが功を奏し、T—岡田はその年、33本を放って初の本塁打王に輝いた。

潜在能力を見抜き、適材適所にはめ込むその眼力は、阪神時代に藤川球児をリリーバーに回して、鉄壁の継投「ＪＦＫ」を確立し、オリックス時代には、先発で結果が出ていなかった平《ひら》野《の》佳《よし》寿《ひさ》をストッパーに転向させ、不動の守護神に育て上げたことで証明されている。

次世代の育成は、岡田という〝目利き〟に課された重大なミッションだ。

巨人なら坂本勇人、岡本和真、ヤクルトなら山田哲人、村上宗隆、そして、かつての掛布雅之のような「生え抜きのたたき上げ」が出てこないと、チームの芯が固まらないのだ。

２軍監督を２０２２年まで４年間務めた平田勝男を、２０２３年から１軍ヘッドに置いたのは、若手の抜擢と底上げを睨んだシフトでもある。

その〝変化への予兆〟が見えてきた中で、藤浪晋太郎は阪神を去る。

メジャー挑戦という、その華やかなフレーズは「苦悩」との表裏一体でもある。

なぜ、藤浪は阪神で伸び悩み、停滞してしまったのか――。

阪神のドラフト１位という、同じ境遇にいた先輩たちの分析と提言には、未来の育成のための、貴重な提言と示唆に溢れていた。

HANSHIN

第5章

苦悩

——藤浪晋太郎はなぜ行き詰まり、そしてメジャーへ行くのか？

TIGERS

藤浪晋太郎

（ふじなみ・しんたろう）

1994年4月12日生、大阪府出身。
大阪桐蔭高から2012年1位指名で阪神入団。
ポスティング・システムの行使により
2023年からオークランド・アスレチックスへ移籍した。
阪神在籍10年、189試合登板、57勝54敗

２０２３年１月13日（現地時間）。

ＭＬＢのオークランド・アスレチックスから、藤浪晋太郎を獲得することが正式発表された。１年契約での年俸は３２５万ドル（約４億３９００万円）で、これに出来高払いの１００万ドル（約１億３５００万円）がつく。

２０２２年の年俸４９００万円（金額は推定）からだと、年俸ベースでも９倍近い。

環境さえ変われば、何かのきっかけさえつかめれば、藤浪はきっと復活できる。過去９度のワールドシリーズ制覇を誇るアスレチックスの高評価が、その大きな期待を物語る。

そして、私が訪ねた藤浪の先輩たち、藤浪と同じ「阪神のドラフト１位」という看板を背負う男たちは、こぞって藤浪を熱く語り、奇しくも〝同じ結論〟を抱いていた。

「阪神の星」デビューから３年連続２桁勝利

大阪生まれの大阪育ち。

高校野球の名門・大阪桐蔭高で、エースとして３年の春夏甲子園を連覇。

２０１２年ドラフトで４球団が競合の末、地元・阪神が引き当てての１位入団。

ルーキーイヤーから３年連続で２桁勝利。

3年目の２０１５年には、２２１三振で最多奪三振のタイトルも獲得した。

ヒーローインタビューも、記者への対応にも、自然に関西弁が出てくる。大阪のノリだって、肌感覚で十分に分かっている。

すべてのファクターをまとめると、まさに「阪神の星」ともいえる存在なのだ。

ロサンゼルス・エンゼルスの大谷翔平とは同級生であり、２０１２年のセンバツで、藤浪の大阪桐蔭と大谷の花巻東は、その開幕日に対戦している。

藤浪は大谷に本塁打を許したが、2失点完投勝利。大谷は9失点で敗戦投手となった。

投打の二刀流でメジャーを席巻し、不動の大スターの地位を築いたその同級生より、プロ生活のスタートは、間違いなく藤浪の方が華やかで、成績も先んじていた。

それでも、世代をくくるフレーズは「大谷世代」だった。

大谷の成績が右肩上がりで伸びていき、世界へと羽ばたいていったのとは対照的に、藤浪は２０１６年のプロ４年目から、徐々に成績が落ちていく。

その頃から、制球に苦しみ、四球を連発する藤浪が、マウンドで立ち往生する姿が増えた。

２０１６年は7勝11敗。初めて負け数が勝ち数を上回り、２０１７年はＷＢＣ日本代表に選出されながら3勝5敗、プロ5年目で初めて投球回数が「１００」の大台を割った。

その〝苦闘の入り口〟と位置づけられる一戦がある。

２０１５年4月25日の広島戦（マツダスタジアム）でのことだった。

レジェンド・黒田に尻もちをつかせた内角球

2回2死一塁の場面。打席には、当時40歳の投手・黒田博樹《くろだひろき》が立っていた。

ロサンゼルス・ドジャースとニューヨーク・ヤンキースという、メジャーの超名門2球団での7年間で通算79勝。メジャーの複数球団からオファーを受けながらも、２０１５年に古巣の広島へと戻ってきた。

その男気は球団の枠を超え、プロ野球ファンの胸を打つ存在でもあったレジェンドと、若き阪神のエースとの注目の直接対決だ。

藤浪の剛球が、バントの構えを見せた黒田の胸元を襲った。

のけぞった黒田が、藤浪に厳しい視線を向けた。

続く2球目。黒田の胸元へ、再び藤浪の内角球が食い込んできた。

背番号15が、思わず尻もちをついた。

「おらっ！」

黒田の野太い声が、球場中に響きわたった。そして、藤浪の方に向かって黒田が3歩、4歩と、前へ詰め寄ってくる。

両軍のベンチが、空っぽになった。

一触即発、乱闘寸前。妙な熱気とピリついた空気で、球場中が異様なムードに包まれた。

打者の内角を突くのは、バントの打球の勢いをそぎ、投手でも捕手でも即座に捕ってダブルプレーを狙うためのものだ。だから、投げてはいけないというのではない。

問題は、その〝危ない球〟が2球も続いたことだ。

投手に対し、死球ぎりぎりの球を連続して投げれば、メジャーではそれこそ「意図的」と捉えられても仕方がない。次の回に〝報復〟とばかりに、主力打者に死球をぶつけられることだってある。それが、勝負の世界の掟でもある。

黒田が怒ったのは、決して己《おのれ》のためだけでなく、チームのためでもあったのだ。

161球は「親心」なのか「懲罰」なのか

藤浪の制球難は、他球団の〝脅威〟でもあった。

右打者は危ない、とばかりに、藤浪相手に左打者をずらりと並べるチームすら出てきた。

あかん、またや……。

藤浪がマウンドに立ち、ボール球が先行すると、甲子園のファンですらもざわめいた。

２０１６年７月８日に行われた甲子園での広島戦も、藤浪の〝負の伝説〟の一つだ。

当時の監督だった金本知憲が、先発した藤浪に「８回１６１球」を投げさせたのだ。

分業制の現代野球で、先発投手の交代は「１００球」がメドといわれる時代において、明らかに「投げ過ぎ」ともいえる球数だった。

先発投手が早いイニングで崩れれば、リリーフ陣にしわ寄せがくる。

エースとしてその責任を自覚してほしいという指揮官の親心であり、教育的指導としての「続投指令」でもあっただろうことは、容易に推察はつく。

ただ、３回で５失点、３点ビハインドの７回の時点で１３１球を投げていた。

チームの勝利という観点に立てば、序盤の時点で交代だろう。投げ続けた藤浪は結局、８回８失点。まるで〝さらし者〟にも映るその姿には「懲罰《ちょうばつ》」の意味合いすら感じてしまう。

球数を重ねることで、力が抜け、力まずに制球ができる。

その「コツ」をつかめと言われるのは、ひと昔前の「昭和」の感覚なのかもしれない。いまや、疲労した状態で投げ続けることによる、故障のリスクの方が問題視されるのだ。

古い言葉をあえて使ってみれば、その〝荒療治〟も、藤浪には効かなかったようだ。むしろ、その「１６１球」から、成績は下降線をたどり続けた。

技術的な問題なのか。それとも、精神的な面が大きく影響したのか。その根本的な要因すらも、何がきっかけでそうなったのかも、もはやはっきりしない。

何本もの細い糸が複雑に絡まり、ほどけなくなった状態が、ずっと続いているのだ。

毀誉褒貶《きよほうへん》の激しい阪神ファンも、口さがない関西のマスコミでさえも、立ち直りのきっかけすらつかめず、もがき続ける藤浪の姿に、いつしか辛辣な批判すらも鳴りを潜めた。

２０１８年は５勝３敗、２０１９年には１軍登板がわずか１試合で０勝、２０２０年は１勝６敗、２０２１年も３勝３敗に終わった。

阪神からは移籍できない？

この〝停滞する藤浪〟への特効薬は「移籍」しかないとささやかれ始めた。過去のドラフト１位の先輩たちを見ても、その成功例が顕著に表れている。

野田浩司は、オリックスに移籍した１９９３年に最多勝に輝いた。藤田太陽も、２００９年シーズン途中に移籍すると、すぐに西武のセットアッパーとしてフル回転している。

選手の野球人生を踏まえ、新たな活躍の場へ、大いなる心で送り出してやる。

2022年オフから「現役ドラフト」がスタートしたのも、ファームでくすぶっている選手に、新たな環境で、新たな可能性を見出していければ、という大局観に立ったものだ。

しかし、阪神のような超人気球団では、簡単に「はい、そうですか」とは言えない。

仮に藤浪を放出して移籍先で復活を遂げ、ましてや阪神相手に勝つようなことが起こってしまえば、球団へのバッシングはもはや避けられない。

なんで出したんや、見る目がない。なんであんなに生き生きと活躍してるんや？

ヨソで復活でもされようものなら、それこそ球団は赤っ恥なのだ。

だから、球団は移籍させない――。

その推察の連鎖《れんさ》も、阪神における〝あるある〟の現象であり、その一方で、このままの状態では〝飼い殺し〟の批判が出るのも避けられない状況でもあった。

だから、少々嫌味を交えて言うのだが、藤浪の「メジャー挑戦」は、究極の解決策なのかもしれない。

なぜなら、まず復活した藤浪に阪神が返り討ちに遭うことがない。

さらに、球団が容認しなければ使うことができない「ポスティング・システム」でのメジャー移籍なら、藤浪の「夢」を後押ししたという、球団の英断にも映るからだ。

「会社のために生きるか、自分の人生を生きるか」

阪神が、クライマックス・シリーズ進出の可能性をかけ、激しい３位争いを繰り広げていた２０２２年の最終盤、９月28日のことだった。

藤浪の「メジャー挑戦希望表明」のニュースが、一部スポーツ紙に報じられた。

その２日後、私は富山で藤田太陽の取材を行うことになっていた。

この話題を振るのは、それこそ絶妙のタイミングだった。

「どう思います、逆に?」

自らも監督を務める「ロキテクノ富山」で、社員の一員として通常業務にもつく現状を踏まえた上で、会社員という立場での巧みなたとえを示しながら、話を進めてくれた。

「会社のために生きるか、自分の人生を生きるか。彼の場合は、阪神タイガースとメジャーリーグというものですけど、会社と個人の夢と考えれば、ですね。今の時代、サラリーマンって、その会社が一生働く場所じゃなくなっているじゃないですか」

社会の現状を踏まえた、藤田の的確な認識でもあるだろう。

日本の会社における「終身雇用制」は、年功序列の賃金体系とリンクしており、高度経済成長期は、賃金も右肩上がりで上昇した。

年功序列制とは、年次の低い若い時期には、賃金が比較的抑えられている。その若手時代の〝マイナスのツケ〟を、将来的には地位と賃金の上昇という形で報うという仕組みでもあり、その「モデルケース」は、目の前の先輩たちでもあった。

ところが今や、昭和の想定のように賃金は上がってこない。高齢化社会に伴い、企業の定年も伸び、年齢に相当した「ポスト」の不足も取り沙汰されている。

つまり、すでにその「昭和の仕組み」は崩れてしまっているのだ。

理不尽な扱いに我慢したところで、将来の見返りが見込めない現状なら、入社数年で退社する若手が増えるのも当然だろう。「若い時の苦労」を信じて我慢できる世代と、信じることのできない世代で、考え方はそれこそ、真逆になってもしかるべきだ。

藤田の「一生働く場所じゃない」という指摘は、若い人たちに根性がないのではなく、社会環境の激変による〝生存戦略の変化〟に伴うものとも言えるのだ。

２０２３年が開幕すると、藤浪は29歳になる。現役のプレーヤーとして、残された時間は、決してもう長くはない。

阪神という慣れ親しんだ環境で、復活をかける選択もあるだろう。ドラフト1位というその看板、過去の実績、そして知名度を踏まえれば、阪神はまだ、猶予《ゆうよ》はくれるはずだ。その一方で、新たな環境で、新たな刺激を受けることで変われるかもしれない。挑戦への意志を示せば、手を挙げてくれるところもあるだろう。それだけの能力と可能性を、まだ信じてもいい。

ならば、自らの夢にかけるという手もある。

「あくまで、僕の意見ですよ。このまま阪神にいても、チャンスはないと思うんです。阪神にいて、後2年でクビになるんだったら、メジャーというか、マイナーですね、言葉が分からないところに行った方が、入ってくる情報も遮られるし、それがいいと思うんですよ。向こうに行ったら、もしかしたら、あの（米国製の）ボールが合うかもしれない。

ちょっと、なんか、彼の感覚が分かるんです。彼、30歳の手前くらいでしょ？　今、一番自分の人生と向き合っているんじゃないんですかね。後2、3年で、日本でダメになるのか、夢に行くのか。僕は、アメリカに行くのがいいんじゃないかと思うんですよ」

「当時の僕には『どうせ』がつく」


藤田も、藤浪と同じような〝袋小路〟に追い込まれた時期があった。

プロ３年で３勝止まり。４年目の２００４年には１軍登板もなかった。

投球フォームをオーバースローからスリークオーター、さらにサイドに下げ、きっかけをつかもうとしたが、２００７年、08年ともに１軍未勝利のままだった。

当時の阪神投手陣は、実に豪華な顔ぶれが揃っていた。

先発陣は、井川慶、下柳《しもやなぎ》剛《つよし》（長崎／新日鐵君津〈現日本製鉄かずさマジック〉／03年移籍）、安藤《あんどう》優也《ゆうや》（大分／トヨタ自動車／01年自由枠）、福原《ふくはら》忍《しのぶ》（広島／東洋大／98年３位）ら、いずれも２桁勝利の経験がある実力者たちばかりだ。

リリーフにも、まず「勝利の方程式」に、ジェフ・ウィリアムス（豪州／ドジャース／03年入団）、藤川球児、久保田《くぼた》智之《ともゆき》（埼玉／常磐大／02年５位）の「ＪＦＫ」がいた。

さらには、ビハインドの展開で投入され、試合を立て直す役割を担う桟原《さじきはら》将司《まさし》（大阪／新日鐵広畑《ひろはた》〈現日本製鉄広畑〉／03年４位）、橋本《はしもと》健太郎《けんたろう》（京都／日本新薬／04年４位）、江草《えぐさ》仁貴《ひろたか》（広島／専大／02年自由枠）の「ＳＨＥ」という別トリオまで整備されていた。

「先発６人、リリーフ６人。その６人って、ある程度決まっているんです。結局は、僕の力不足なんです。でも、当時は素直になれなかった。ＪＦＫがいて、また3人いて、どこに入るところがあるの？　という話ですよ。その当時の僕には『どうせ』がつくんです。『どうせこいつ、コントロールミスをする』とか『どうせこいつ、大事なところで使えない』とか。僕の中では、絶対にミスしないようにするんだけど、なぜかミスをする。何か、そういう部分って、あると思うんですよ」

ドラフト1位で、大きな期待を背負いながらも結果が伴わず、悩み、もがき続ける。その藤浪が陥った負のスパイラルに、藤田も苦しめられてきたのだ。

西武で求められたのは阪神の〝逆〟

2009年シーズン途中、藤田は水《み》田《た》圭介《けいすけ》とのトレードで西武に移籍した。シーズン途中ながら25試合に登板して、2勝3セーブ4ホールド。翌10年にはセットアッパーとして48試合に登板、6勝19ホールドの大活躍を見せる。

「僕、西武に行った時に『何かに置き換えた時』っていうので、楽になったんです」

そのキーワードには、含《がん》蓄《ちく》の深いものがあった。

「阪神の時、何かに『置き換え』ができなかったんです。全部、矢印が自分の方に向いていたんです。うわっ、こうやって言われた、ああ、失敗したらどうしよう、とか。でも、西武に行ったら、矢印が違う方、相手に向かっていけるようになったんです」

トレードされた直後のことだったという。

「藤田君、個性とか気にしたこと、あるかな？」

西武の球団社長から直々に、藤田はこんな思いもよらぬ質問を受けたという。

「ウチは、個人個人にファンがいっぱいついてくれたらいいと思っているよ。そのプレーとか、その人が格好いいから、球場に見に来るってのでもいいんだ。それだけでいいんだよ。それが戦う力になる。ぜひ、藤田君も個性を出してくれ」

例えば、阪神だと髪を染めただけで「2軍におるのに、ちゃらちゃらしやがって」といった陰口が飛ぶ。髪型を変えただけで、スポーツ新聞に写真が載ったりもする。

だから、目立つことはやらないという妙な防衛本能すら働いてしまう。

ところが、西武では、その〝逆〟を求められたのだ。

「だから、阪神にいた時とすべてを変えてやろうと思って、わざとやったんです。今までに自分が絶対にしなかったこと。髪なんて、染めたことなかったんです」

藤田は、金髪に染めてマウンドに立った。たかが髪の色。でも、それだけでも変わる。気持ちもそうだ。そして、驚くべきことに、周りもそのことを一切、咎《とが》めたりもしない。

「リセットできますね。ホント、1回変えてみようと思ったんです。それが何かしらのきっかけになるかもしれないし、というので変えたんです」

当時監督の渡辺《わたなべ》久信《ひさのぶ》が「球の強い投手を獲ってほしい」と編成部門に要望して、藤田の獲得に乗り出してもらったのだという。

だから、渡辺の期待は大きかった。

「わーわーとヤジを飛ばされても、別にその人の人生に対して、何かすごいマイナスなことになるとか、そんなこと関係ないからな。自分の野球をマウンドの上で、楽しんだもん勝ちやぞ」

しかも「基本、ダメでもお前は2軍に落とさないから」という、実に心強い指揮官の言葉もあった。ただそこに、たった一つだけ注文がついた。

「バッターに攻めていく気持ちだけ、ちょっとでもなくしたら俺は使わんよ。打たれるとか打たれないとか、そんなもん、打率を見たって、3回のうち1回打てばいいバッターっていう条件下だろ？　あんな長いもん、ああやって持ってたらどっか飛ぶよ。俺は、お前の球の強さを見て、ほしいと思ったんだからな」

渡辺も、西武のエースとして活躍し続けながら、晩年はヤクルト、さらには台湾にもわたって、現役のマウンドに立ち続けた。

その豊富な経験に裏打ちされたポジティブ思考に、藤田は感じ入るものがあった。

「やっぱり、生きがいなんですよ。必要とされたら、人って頑張れる。それを一番感じた時でした。それを阪神で、必要とされる中で必要とされる結果を残せれば一番よかったんですけど、僕の力不足で叶わなかったんです」

何かを、変えてみる。

藤浪には、そのための新たな環境を切り開いていけるだけの実績と能力がある。

だからこそ、オークランド・アスレチックスが4億円超の年俸で藤浪を迎え入れたのだ。

「打たれても、打たれなくても、どうでもいいんですよ。行って、頑張る。行くことに意義がありますから」

自らの苦い経験に裏打ちされた、藤田からの〝エール〟でもある。

「OBがなんで藤浪に寄り添わんのや？」

1970年のドラフト1位で、移籍したオリックスではチーフスカウトなど編成部門の重責を担った谷村智啓は、「藤浪を見てて、なんでや、と思ってた」ことがあるという。

「なんでな、誰か、生え抜きのコーチと相談せんのかなと。もっと親身になって、話ができる阪神のOBが、ようけおるやろ？ なんでそういうスタイルを作らんかったのかな？」

1位という「看板」の重さ。そして、超人気球団で注目を浴び続ける独特の環境。そこには恐らく、体験した人間にしか分からない「苦悩」がある。

「高卒で入って、最初に10勝したわな。最近では、一番活躍した高卒の選手やろ？ 3年連続2桁勝利やな。結局、そこが問題や。ここまで行ったら、逆に勢いでいってしまわんとアカンねん。バーンといってしまわなアカンのや。人間って、ええのが続くと、ちょっと油断も出てくる。歯車が狂い出すんや。そこに、落とし穴が待っとるねん」

第4章でも藪恵壹が指摘したように、こうした〝行き詰まり〟のパターンだって、数多くあるはずなのだ。それをデータや資料で残しておくのも一つだろうが、阪神のような長い歴史を誇る球団には、OBという貴重な人材のプールもある。

その「苦悩」に寄り添い、救いの手を差し伸べられる先輩たちがいるはずなのだ。

1995年のドラフト1位・山村宏樹には、次章の「誤解」で、阪神という環境の中でいかに苦しんだかについて語ってもらった。

その山村も、藤浪の「心」を慮りながら、自らの体験と照らし合わせた。

「いい時はいいんですよ。でも悪い時になると、うわべだけで付き合っていた人って多分、それで終わりなんです。僕は現役を終わってから気づきましたけど、現役時代に付き合っていた人で、今でも付き合ってる人はいます。でも、いい時だけ寄ってきた人も、いっぱいいるんですよ。藤浪なんか、そういう人ばかりだったんだと思うんですよね。

高校の時からずっと力が落ちないで、トップで来ていたわけじゃないですか。それで、ダメになった瞬間、全員が手のひらを返したようになる。今、彼、一人でしょ。（２０２０年３月に）新型コロナに感染した時も、なった原因を調べられて、会見で謝らされた。野球でよかったのに今はダメ、みたいに。そうなると、もう野球でバッターを抑える前に、ここで抑えなかったら、何書かれるんだろう、って考えたりするんです。良くも悪くも書かれる。もう彼は、この環境じゃ無理だなと思っていたはずなんです」

山村は、２０２３年から監督に復帰する岡田彰布のもとでなら、藤浪は「復活できたんじゃないかと思う」と見ていたという。

「岡田さんなら、味方になってくれるんです。全部、俺が責任取ってやるからって。そういう人が今、いないんですよ。藤浪は、中西（清起）さんがいた時、よかったんですよ。ぐちも聞いてくれる。藤浪のいいところも悪いところも分かっているし、だから中西さんを慕っている人って多いんですよ」

ここにも、周囲がなぜか持ち続けている「誤解」があるという。

コーチ時代の中西が、藤浪を夜の街に連れ回していたから、藤浪がダメになった。

そんな〝噂〟が、まことしやかに広がっている。

「そうでしょ。でも、藤浪に聞かなきゃ分かんないじゃないですか。藤浪が『もう中西さんは無理です』とか言ってます？　言わないですよ」

真相が分からないまま、そんな真偽不明の、出所も不確かな話だけが独り歩きする。それも、阪神という超人気球団の恐ろしい現実であり、頻出する出来事なのだ。

「藤浪なんて、僕が例えば同じユニホームを着て、アイツと話したらボロボロ出てくると思うんです。こうだった、ああだったって。中西さんも多分、同じ経験をしたから分かるんだと思いますよ」

岡田彰布も、中西清起も、山村宏樹も、谷村智啓も、藤田太陽も、鳥谷敬も、藤浪晋太郎も、みんな阪神のドラフト1位、あるいは阪神を逆指名して入団した選手たちだ。

その看板を背負った山村だから、分かるのだ。

「ええ人に巡り会ってほしい」

遠山昭治は、２００２年で現役を引退した後、２００５年から阪神の2軍投手コーチ、２００６年から２０１１年までは育成コーチを務めた。

だから、２０１２年ドラフト1位の後輩・藤浪晋太郎との接点はない。

ただ、高卒での阪神1位で、同じ投手というポジションでもある。それこそ、自分に置き換えてみれば、藤浪の「苦悩」に思いをはせることも難しくない。

「聞いた話やけど、やっぱり最初は藤浪も周りの言うことを聞かんし、指導する側も言わんかったらしいんよな。それはアカンわ。だからある意味、孤独やったと思うよ」

それでも、成績が伴っていればそれで構わない。勝負の世界は結果がすべてだ。

しかし、いざつまずいた時こそが問題なのだ。

入団から3年連続でマークした2桁勝利も、２０１６年以降の7年間では一度もなし。２０１９年には、屈辱ともいえる「０勝」に終わっている。

「俺と違うところは、藤浪には『大谷』がいること。みんな、アイツと大谷を比べるじゃん？　片やメジャーで、年俸何十億。片や阪神でまだもがいている。でもね、今があるからこそ、俺はその後の『30代の藤浪』って楽しみなんですよ。やっぱり、苦しみというのかな、苦い時を経てきたヤツっていうのは、強いんですよ。俺はね、藤浪にはええ人に巡り会ってほしいんですよ。なんと言うのかな、生かすも殺すも人ですよ。でも、それが誰かというのは分からんですよ。これが面白いんですよ」

遠山の場合も、ロッテを戦力外となって阪神のテストを受けた時に、ルーキー時代の監督だった吉田義男が復帰していたことが、人生の〝新たな扉〟につながっていたのだ。

「全然知らない人だったら、多分阪神に入っていないと思いますよ。だって、俺の真っスラを知ってるの、その人たちだもんね」

そして、吉田の後の監督を務めた野村克也が、遠山をサイドスローに再転向させ「松井キラー」として、名をはせるまでに導いてくれた。

そうした「キャリアの分岐点」が、藤浪にもきっと訪れるというのだ。

「もうちょっとなのか、それは分からないよ。でも、俺は藤浪にとって、今はマイナスだと思ってないんよ。藤浪は、高校からずっとええ思いをしてきているじゃん？　プロに入って、3年連続で2桁勝ってるわけでしょ？　そこまでは来ているわけですよ。じゃあ、それを自分が把握してやっていたかということですよ。それは違うと思うんですよ」

遠山も、ルーキーイヤーで8勝を挙げる鮮烈なデビューの後からは、思うような成績が出せていなかった。藤浪のように、投手としての「壁」にぶちあたり、遠山の場合はロッテへ移ってから、野手にも転向している。

そこから、再び帰ってきた阪神で「松井キラー」として再ブレークするのだ。

「そういうのは、説明できないですよね。でも、やっぱり、ついているのかもしれないですよね。阪神に戻ったタイミングだって、よかったわけですよ」

そんなシナリオは、誰にも書けない。

ただ、その起承転結の「転」が訪れる時は、きっと来る。

藤浪は、その「転」を、メジャーという舞台に求めようとしているのだ。

「キャッチボールを大事にしろ」

藪恵壹は、２０１１年から2年間、阪神で1軍投手コーチ、２０１３年には2軍投手コーチを務めている。

その2軍投手コーチ時代に、藤浪がルーキーとして入団してきた。

「1回くらいしか、2軍に落ちてこなかったんじゃないかな？」

高卒ルーキーながら10勝。まさしく期待の星、未来への希望だった。

「とにかく、キャッチボールを大事にせんとあかんよ、という話はしました。でも、その辺は、分かっていないですよ。高校で春夏連覇して、鳴り物入りで阪神に入ってきていますからね。もう、イケイケですよ」

破竹《はちく》の勢い。しかし、プロはそれほど甘い世界ではない。

藪も、１年目に新人王に輝いた。

「でも、半年ずっと投げ続けるって、初めてじゃないですか。正直、もう全然肩が上がらへんのですよ。練習でもいっぱい投げさせられる。昔は、もう理にかなっていないことでも、いいからやれ、っていう時代でしたから。１年目が終わって、オフがすごく不安でした。トレーニングの方法を変えないと、このままじゃ、絶対に続かないと思いましたもん」

藪の現役時代、１９９０年代初めの頃には「球数制限」といった概念すらない。

中６日の先発ローテーションでも、その次回登板までの６日のうち、３回もブルペンに入って、それぞれ１００球ずつ投げさせられる。

それでも少ないといわれた上に「試合の１００球は、練習の２００球でも足りない」という投げ込み至上主義の時代であり、当時はひたすら「投げて鍛える」が当たり前だった。

２０１０年代以降になると、中６日のうち、せいぜい２度、投げても50球程度だ。半年以上も続く長いシーズンを乗り切るため、疲労をためず、故障を避け、強化トレーニングと並行して、コンディショニングを整えることの方が優先される。

分業制の今、１５０キロ超のストレートは先発投手でも当たり前になってきた。肉体への負担も間違いなく大きい。

「６回１００球」は、その後の体の回復期間も踏まえ、肘や肩への過剰な負担を避けるための、重要な目安の一つなのだ。

リリーバーも「１イニング15球前後」を、１５０キロ台後半のスピードで、全力で押していくというスタイルが主だ。終盤３イニングを、３～４人でつないでいく。しかも、肉体的負担を考慮すれば、３連投はダメージが大きいともいわれるようになってきた。

２０２１年、25年ぶりのパ・リーグ制覇を果たしたオリックスは、その年のブルペン陣で３連投した投手はおらず、26年ぶりの日本一を奪還した２０２２年にも、日本シリーズで２連投したリリーバーを、短期決戦にもかかわらずベンチから外している。

マウンドも〝メジャー基準〟で硬くなった。それも、国際大会を踏まえてのものだ。下半身への負担は、かつての軟らかい、踏み込んでいくマウンドとは大違いだ。

ひと昔前の投手なら、１５０球を超えても投げ切るのが当たり前。リリーバーでも、イニングまたぎはもちろん、連投も当たり前。こうして成功を収めてきた先人たちが「今の選手たちはひ弱い」「完投が少ないのは、投げ込みが足りない」といった〝活〟を投げかける。

しかし、こうした「変化」を踏まえ、さらには時代背景、環境、スポーツ医学、トレーニング、栄養学の進歩も考えれば、それらがいかに「前時代の議論」なのかは分かるだろう。

「藤浪は超お化け」

ちょっと、話がそれてしまった。

ただ、その時代に〝生き残ってきた先人たち〟を、藪は「お化けだと思う」という。

たぐいまれなる強い体を持った人たちは、故障すらめったにしない。いくら練習してもへこたれないし、潰れない。こうした〝お化けたちの集団〟が、プロ野球という世界である。

「だから藤浪なんて、超お化けなんですよ。全然壊れないもん」

結果が出ない。制球ができない。なのに、２０２０年には阪神球団最速の１６２キロをマークし、２０２１年、22年には開幕投手も務めている。

藪が認めるように、藤浪の持てるそのポテンシャルは、恐るべきものなのだ。

「大学生でも、そこそこ、あ、これちょっとうまくやれば（1軍で）使えるようになるよな、というヤツは、みんな〝こう〟なっていく。入ってきた時が、一番ピーク。そこから上がっていく要素が、ほとんどないんだよね」

藪は、右手の先を斜め下に向けるポーズで〝こう〟を表現してくれた。

プロに入ってくる時点では、技術的に優れているから、ドラフト指名されるのだ。

そこから、どうするのか。

コーチはいる。練習設備も整っている。だからといって、ただそこにいるだけで、うまくなれるわけではない。

「体の強さも、腕の長さも、みんな違う。落ちていくんです。33歳くらいをピークにして、グーッと落ちていく。その落ちていくスピードを緩めないといけない」

才能だけで、しばらくは突っ走れる。しかし、必ずどこかで行き詰まる。

「藤浪だって、3年間はよかったでしょ。でも、そこから7年間、金本監督から矢野監督の時に、また〝こう〟なっていく。指導者との相性とかもあるんでしょうけどね。今は、完全に、見失っていますよね」

だから、当時の〝藪コーチ〟は、19歳の藤浪に「キャッチボールを大事に」という金言を授けたのだ。

基本に立ち返る。何かにつまずいた時、元に戻すための基準を、どこかに作っておかないと、必ず困る時が来る。

しかし、それが、高校生レベルでは分からない。ましてや結果が伴っている時、最悪の事態を想定することは、その若さでは、なかなかできないものだ。

「自分だけの感覚をつかめ」

野田浩司が「ここの感覚だけは絶対に崩しちゃダメなんだ、というところを見つけた」のは、オリックスに移籍した１９９３年に最多勝を取った〝その後〟のことだったという。

「オリックスに行って最多勝。もう安泰だと思うじゃないですか。ところが、94年ですよ、ふたを開けてみたら、全然だったんです。6月まで1勝6敗とか、そんなのだったと思いますよ。自主トレから2月の宮古島キャンプとやっていく中で、何かが違うんですよ、自分の中で。キャッチャーに、紅白戦ではバッターにも『どう、俺のボール?』って聞いたら『相変わらず、いい球来てるで』って言われるんだけど、自分の中ではちょっと違うんですよ。感覚が去年とちょっと違うよな、と思いながら、でも思い出せないまま、シーズンに入っちやったんです」

おかしい。

肩や肘が痛いとかそういうわけでもないのに、納得いく球が投げられない。野田は、自分が経験した〝同じ苦悩の中〟に、藤浪もいるのだろうと思っていたという。

「やっぱり技術的な部分では、自分の本質的な投げる形というか、チェックする場所って絶対にあるんですけど、そこがうまくつかみ切れず、というところになるんじゃないかな。いろいろなことを教えられたり、自分でも意識したりするんだろうけど、僕もそうでしたけど、やっぱり、教えられて繰り返しやっても、なかなかうまくいかないんです」

野田がつかんだという、自分だけの、それこそ〝ピンポイント〟の修正点があるという。

「5カ所も6カ所もあったらダメですよ。そんなに考えて投げられないから」

モーションを起こす。右投手の野田の軸足は右だ。その「右ひざ」がキーになる。

「投げに行く時に、少し雑巾《ぞうきん》を絞るみたいに、ぐっと捻ってため込むんです。『あ、これやな』という感じが、なんとなく、ね。ここだけ間違わなかったら、そんなに狂うことがない。それに気づき出したのがそれくらい。そこから、そんなに狂わなくなりましたね」

「その人の脳の中にまでは入れない」

１９９４年、オリックス移籍２年目の野田は、２年連続２桁となる12勝を挙げた。

その年、プロ野球記録のシーズン２１０安打を放ち、一躍スターダムに躍り出たのが20歳のイチローだった。

野田のロッカーは、イチローに近かったのだという。ある日の試合後、野田は５歳年下の後輩に「ちょっと、聞いてもええ？」と自ら質問を持ちかけた。

「お前、自分の中で、チェックポイントとか、持ちながらやってるの？」

「そりゃそうですよ、当たり前じゃないですか。野田さん、なかったんですか？」

「お前、すごいな。若いのに。俺なんて、そういうのを考え出したの、最近やぞ」

イチローのように、20歳でも持っていれば、野田のように、阪神からオリックスへと環境を移してから、その〝リセットボタン〟に初めて気づくプレーヤーもいる。

「ピッチャーでも、去年あんなに良かったのに、今年はどうしたんや？　というのは、そこの、自分の中の〝アレ〟を分からずにやってるんですね。根本的な、自分の中で一番大事な、ね。１カ所、２カ所でいいんで、それがあると戻しやすいんだけどね」

野田も、藤浪と同じ〝迷いの霧〟に入り込んでしまった時があるのだ。それを抜け出すための万能薬も、魔法の杖もなければ、誰かが答えを教えてくれるわけでもない。

阪神という〝騒々しい環境〟で、しかも「ドラフト1位」という重い看板を背負わされた男たちには、そのための余裕が見出せなかったりするのだ。

「藤浪は、あれだけのボールが投げられるんだし、彼は3年目までですよね、めちゃくちゃよかったのは？　無我夢中で、がむしゃらにやって、その時の指導者って、中西（清《きよ》起《おき》）さんとかがやってたのかな？　それがうまくハマって、ガーッとなったけど、自分の中で根本的な何かのコツをつかめれば、もう一回、藤浪の能力ならぐわっと来ると思いますよ。コーチが見ていても、その人の脳の中にまでは入れない。目で見て、微妙に違うのは分かるけど、感覚なんて、その人間にしか分からないじゃないですか？　第三者には分からない、そういうのを見つけるというのかな」

野田がオリックスへ移籍してから「自分だけのコツ」をつかんだように、藤浪の〝脳〟にメジャーという環境から生まれる「新たな刺激」が加わることで、そこからまた、新たな気づきが生まれる可能性は、大いにあるのだ。

「十分にローテーションに入れる」

藤浪が移籍したオークランド・アスレチックスはかつて、全くそれまで注目されなかった「出塁率」の高い打者や「与四球」が少なくゴロを打たせる投手を、詳細なデータの分析によってピックアップし、無名の選手たちを集め、チームを作り上げた。

ニューヨーク・ヤンキースやロサンゼルス・ドジャースのようなビッグクラブには、資金面では太刀打ちできない。だから、実績と人気を兼ね備えたフリー・エージェントのスター選手たちの獲得は難しいという、やむにやまれぬ事情ももちろんあった。

しかし、その「セイバー・メトリクス」という〝新たな視点〟こそが、アスレチックスの黄金時代の礎《いしずえ》を築いたのだ。

選手の年俸総額でいえば、当時でもヤンキースの３分の１程度に過ぎなかった２０００年から、４年連続でプレーオフに進出した。

新たなるチーム作りの陣頭指揮に立ったゼネラルマネジャーの元メジャーリーガー、ビリー・ビーンを中心に描いたベストセラー『マネー・ボール』は映画化もされ、ブラッド・ピットがビーン役を務めるなど、世界中の話題となった。

しかし、時の流れは非情でもある。その最新鋭と言われたチーム作りも、いつしか、ひと昔前の陳腐《ちんぷ》なものへと変わってしまう。２０２２年、アスレチックスは60勝１０２敗でア・リーグ西地区の最下位に転落。そこで、藤浪晋太郎という新戦力に着目したのだ。

この右腕には、秘められたポテンシャルがある。環境を変えれば、ルーキーイヤーから３年連続で２桁勝利を上げたときのような力を、再び取り戻せる可能性もある。

しかも、今の藤浪ならその年俸額も抑えることができる。

藤浪の約４億円の年俸は、メジャーの年俸水準でいえば〝安い投資〟であり、年俸３０００万ドル（約39億円）の同級生・大谷翔平の約10分の１にすぎない。

低予算のアスレチックスらしい、リーズナブルな投資に賭けたのだ。

藪恵壹はアスレチックスでプレーした経験がある。当時外野手だった現監督のマーク・コッツェイは、現役時代の同僚でもある。

「僕は十分、藤浪投手は（先発ローテーションに）入っていけると思う。段階を踏んでイニングを伸ばしていく中で、ちゃんと抑えていければ、十分にローテーションに入れる」

藪は、自身が持つ「ＹｏｕＴｕｂｅチャンネル」で、同じ道を歩む後輩へ、大いなる期待を寄せた。

この章に登場した藤田太陽、野田浩司、遠山昭治、谷村智啓、山村宏樹、藪恵壹は、いずれも〝阪神以外でのプレー〟を経験し、それが飛躍の足掛かりになっているのだ。

「こんなに応援してもらえると思っていなかった」

アスレチックスとの正式契約を終え、日本に帰国した藤浪が、甲子園球場や鳴尾浜のファーム施設を訪れたのは、２０２３年１月21日のことだった。

甲子園球場で、最後の会見が設定された。

ここで「サプライズ」が待っていた。

センターのビジョンに、自主トレで日本各地に飛んでいる同僚の17人から、ビデオメッセージが寄せられ、それが順々に流されたのだ。

近本は「晋太郎の夢を追う姿って、ホントに僕もすごく刺激をもらっている」、青柳は「野球に取り組む姿勢とかを見ていて、メジャーで絶対活躍できると思います」、大山も「今年からは違うチームになりますが、お互い頑張りましょう」と、それぞれが、思い思いの言葉で夢に向かって再スタートを切った藤浪に、熱く語りかけた。

彼らも、超人気球団でプレーする「重圧」と「苦悩」を知っている。

藤浪が、その「壁」にはね返され、苦しみ続けながらも、自らの力を信じ、真摯《しんし》に野球に取り組んできた姿を見てきたからこそ、新たなる挑戦への門出に、背中を押してやりたかったのだ。

「泣きそう」

その映像に見入っていた藤浪が、照れたようにそうつぶやいた。

ラスト会見の場所は、甲子園球場のグラウンド。スーツ姿であっても、甲子園に立つ藤浪晋太郎というのは、なぜかしらサマになる。今風に言えば〝映《ば》える〟のだ。

「いってらっしゃい」「今しかできないことがある」「ずっと応援しているよ」

メジャー挑戦の意向を表明し、アスレチックスとの契約に至るまで、ＳＮＳ上での藤浪に対するメッセージやファンの反応は、肯定的なものがほとんどだった。

「阪神タイガースの藤浪晋太郎でしか経験できなかったようなこともたくさんあると思いますし、阪神タイガースの藤浪晋太郎でよかったなと、本当に思っています」

そう語った会見の後、球団の公式ツイッター上で、ファンへのメッセージも配信された。

藤浪の本心が、その46秒の中に詰まっていた。

> 阪神タイガースファンの皆さん、オークランド・アスレチックスの藤浪晋太郎です。

10年間、本当にお世話になりました。皆さんの温かいご声援、ホントに身に染みて感じています。実はこんなに応援してもらえると思っていなくて、正直、ちょっと、意外すぎるほど、応援してもらっているというか、こんなに応援してもらえるんだ、というのをすごく感じるのと同時に、頑張らなきゃいけないなとも思っています。

時差があって、午前中とかの試合になると思うんですけど、できれば見ていただいて、藤浪頑張ってるな、と思っていただければ幸いです。これからも、応援よろしくお願いします。

阪神タイガースの球団旗をバックに、藤浪が届けた〝ラスト・メッセージ〟が夕刻に配信されると、およそ6時間の間に57万回再生され、1万1000件の「いいね」がつけられた。

ファンも、分かっていたのだ。

阪神、しんどかったやろ。メジャーで、いっちょ、頑張ってこいや——。

そして、きっと、春になったら、こんな会話がファンの間で展開されるのだ。

ほら、阪神を出たら、活躍するやろ? メジャー行ったら、やると思ったんや。

そやけど、なんで、それを阪神でやってくれへんかったんやろな?

そうやってボヤキながら、ＢＳでの試合中継を見ながら藤浪晋太郎を応援するのも、これまた、阪神ファンの新たなる楽しみになる。

藤浪晋太郎の新たなる選択は、きっと、これでよかったのだ。

HANSHIN

第6章

誤解

——山村宏樹と中込伸が語った「1999年の真実」

TIGERS

山村宏樹

（やまむら・ひろき）

1976年5月2日生、山梨県出身。
甲府工から1994年1位指名で阪神入団。
2000年から2004年まで近鉄（現オリックス）、
2005年から2012年まで東北楽天。
阪神在籍5年で15試合登板、1勝3敗。

中込伸

（なかごみ・しん）

1970 年 2 月 16 日生、山梨県出身。
甲府工～神崎工から 1988 年1位指名で阪神入団。
阪神在籍 13 年で 182 試合登板、41 勝 62 敗 2 セーブ。
2002 年から台湾・兄弟へ。
台湾 4 年で 97 試合登板、45 勝 29 敗 3 セーブ。

ＪＲ新宿駅から特急「かいじ」に乗ると、甲府駅まではおよそ1時間半。

山村宏樹との待ち合わせより1時間早く来たのは、スマホの地図アプリで調べてみると、山村の出身校である山梨県立甲府工業高が、駅から徒歩圏内にあったからだ。駅前の「武田信玄像」を仰ぎ見た後、ＪＲ中央本線と並行するように伸びている幹線道路を西へ歩くこと約10分。右側に野球部のグラウンド、その先に学校の正門が見えてきた。

甲府駅前の武田信玄像

久々に再会した山村に「母校に行ってみたよ」と告げたのが、挨拶代わりだった。

「駅からですか？　ちょっと距離、あったでしょ？　僕らの時は、今のグラウンドのところに校舎があったんです。だから、今とは反対ですね」

新校舎と新グラウンドの竣工は、創立80周年にあたる１９９７年だった。

山村が阪神にドラフト１位指名されたのが１９９４年だから、山村の卒業後に、校舎とグラウンドが新たに建て替えられたと

山梨県立甲府工業高等学校

いうわけだ。

甲府工を選んだのは「プロに行くため」

１９１７年創立の甲府工には、機械、電気、電子、建築、土木、創造工学の６科がある。

学校のホームページを開いてみると、野球部の応援風景や、強豪の自転車部の活動ぶりがスライド方式で次々と紹介されていく。

最初に流れてくる校舎の写真に、誇らしげなキャッチフレーズが添えられている。

〈令和３年度　就職内定率１００％　22年連続達成〉

「山梨の人はウチの学校に行くと、ほぼ１００％就職できますね。山梨に残って仕事をする人とか、家業を継ぐ人とかには、もう絶対なんです。就職は昔から一番なんですよ」

山梨県で生まれ、育ち、そして地元で暮らしていくという堅実な選択肢の中で、甲府工という「看板」は、絶大な信頼度を誇るのだ。

山村は、中学時代の学業成績が良かったそうで、県内の進学校と呼ばれる高校を希望すれば「全然、行けました」というレベルだったという。

だから、学力的には「余裕でした」という甲府工を選んだ理由は明確だった。

「プロ野球に行きたかったからなんです」

幼少の頃に憧れていたのは、甲府工のライバル・東海大甲府高だった。

１９７６年生まれの山村にとって、野球に興味を持ち出した頃がまさに黄金期だった。

東海大甲府高は、１９８１年夏に甲子園初出場を果たすと、翌82年夏、さらに１９８４年からは5年連続で夏の甲子園に出場、清原和博（元西武など）、桑田真澄（現巨人ファーム総監督）を擁するＰＬ学園高が全国制覇を果たした１９８５年にはベスト４に進出した。

小学生だった山村も、甲子園のアルプス席から必死に声援を送り「自分が行ったら、優勝できると思っていました」と、自らの未来像をフェンスの向こう側に投影していた。

１９８６年夏、翌87年春、同年夏と3季連続で東海大甲府が甲子園に出場。当時の主力の一人が、後に阪神で同僚になる内野手の久慈照嘉だった。

「僕、久慈さんに小学校の時、サインをもらったこともあるんです。東海（大甲府）に行きたい、甲子園に行って、プロになりたいと思っていたんです」

東海大甲府の、縦じまのユニホームを着ている自分を脳裏に描いていた山村に、とある〝衝撃的事件〟が起こったのは、中学2年生の時だった。

「野球でダメなら、山梨で就職する」

1990年夏の山梨大会。

甲府工が東海大甲府を決勝で破り、17年ぶりの甲子園出場を決めたのだ。

山村宏樹

「近所の兄ちゃんが甲府工に行ってて、甲子園で試合をしてたんです。それを見て、あのユニホーム姿、格好いいなと。東海じゃなくてもいいのかなと。子供の頃って、単純じゃないですか？　僕の中でそういうのがあったんです、最後に決めるのに」

目標は「プロ」だった。山村はそこから冷静に逆算し、今と結びつけようとしていた。

「どうやってというか、なんと言うのかな、甲子園に行く時もそうだったんですけど、エースでやるとか、目立つとかあるじゃないですか。僕はそれを思っていただけなんです」

プロに行く。そのために高校野球で活躍して、甲子園に出る。

そのための最短ルートに乗るためには、どの入り口を選ぶのがいいのか。

甲府工には、プロに進んだ先輩たちが数多くいた。

知将・上《うえ》田《だ》利《とし》治《はる》のもと、黄金期を築いた阪急（現オリックス）で、捕手としてベストナイン２度、ゴールデングラブ賞１度に輝いた中《なか》沢《ざわ》伸《しん》二《じ》をはじめ、１９６６年の第２次ドラフトでは内野手の西《にし》村《むら》公《こう》一《いち》が阪神から１位指名、１９８８年にも投手の中込伸が阪神から１位指名を受けるなど、プロに進んだＯＢも多い。

山村の高校進学前の時点でも、甲府工には夏４回、春３回の甲子園出場の実績があった。

しかし、抱き続けていた「プロ野球選手」という夢に、母親は待ったをかけた。

「野球でご飯が食べられるわけがない」

甲府工、東海大甲府という、野球を優先した形となる２校への進学を猛反対。学区内の進学トップの高校へ行った上で、大学へ進学することを勧めたという。

考え抜いた〝代替案〟で、山村は己の強い覚悟を示した。

「野球で怪我をしたら、山梨で就職する。だから甲府工に行く」

電子科なら「手の怪我をしない」

時は１９９０年代。日本経済が世界を席巻し、「産業のコメ」と呼ばれた半導体の生産でも日本のメーカーが世界のトップスリーを占めていた時代だった。

山村が選んだ「電子科」だと、主に半導体を扱うことになる。

「だから、その頃だと仕事がいっぱいあったんですよ」

機械科だと、旋盤《せんばん》を使った実習がある。万が一とはいえ、手の指の怪我の恐れもある。土木科だと校外で測量を行うことがあり、建築科だと課される宿題も多いのだという。

「ホントは、建築科に行きたかったんです。設計とかしてみたかったから。でもまあ、母親を説得する理由みたいなものでしたね、僕の中じゃ。野球を一番やりやすかったのが電子科でした。だから電子科です。一番普通科に近い感じだし、怪我もしない。野球がやりたかったんで。だから、もう東海（東海大甲府）かウチ（甲府工）。僕の選択肢は、２つしかなかったです。母親が反対していなければ、僕、絶対に東海に行っていました」

時が過ぎ、その答えが分かっているから言えるのかもしれないが、ほどなくして、夢を叶えるためには、これが〝正しい選択〟だったと分かることになる。

山村をプロの世界へと続く扉の前へ導く男が、いきなり現れるのだ。

「この子はもう大丈夫」３球で見初めた老スカウト

入学直後の山村が投球練習をしているのを見ていたその老スカウトが、深くうなずいた。

「もう、この子はいじらなくていいよ。普通にやっておけばもう、プロに行けるよ」

当時の甲府工監督・原《はら》初也《はつや》にこう言い残すと、満足そうに帰っていったという。

「ゴミさん（中込伸）を獲った人が、ウチの学校に来ていたんです。これは聞いた話なんですけど、３球か５球くらい見ただけで、もう帰っちゃったらしいんです。ダメだな、と思うじゃないですか。でも『もう大丈夫だ』って、恩師に言ったらしいです」

山村を見初めたのは、阪神のベテランスカウト・田丸仁だった。

田丸は、巨人で打者に転向、Ｖ９時代の１番打者として活躍した柴《しば》田《た》勲《いさお》をエースに擁《よう》した法大二高の監督として、１９６０年夏、61年春の甲子園連覇に導いた。

センバツ直後の61年春のリーグからは母校・法大の監督に就任し、東京六大学リーグで１９６４年までの８季で３度の優勝を達成している。

１９６５年からプロ野球の東京（現千葉ロッテ）の２軍監督に転身すると、翌66年には１軍監督として、１シーズンだけだが指揮を執った。

プロの選手経験がないまま、プロ球団の１軍監督を務めたのは、２０２３年のシーズン開幕時点でも、田丸以降は出ていない。

阪神のスカウトに就任したのは、ロッテを退団した１９７７年から。

野球界に張り巡らせた多くの人脈は「田丸ルート」と称され、この太いパイプを生かす形で、阪神にも多くの好選手を送り込んできた手練《てだ》れのスカウトでもある。

野茂を外して葛西――田丸の〝法大ルート〟への批判

前述したように、阪神の元スカウト・菊地敏幸がいったん野球界を離れ、サラリーマン生活を送っていた時、スカウトとして阪神に誘ったのは田丸だった。

菊地の入団は、年号が昭和から平成に代わった１９８９年だった。

その年、ドラフトの目玉は新日鐵堺の右腕・野茂英雄《のもひでお》。後にメジャーリーグで「トルネード旋風」を巻き起こした剛腕に、史上最多の８球団が競合した。

阪神も抽選に参戦したが、近鉄に引き当てられ、野茂の交渉権は獲得できなかった。

広島はＮＴＴ中国・佐々岡真司《ささおかしんじ》（前広島監督）、中日はＮＴＴ東京（現ＮＴＴ東日本）・与田《よだ》剛《つよし》（前中日監督）、西武は松下電器・潮崎哲也《しおざきてつや》（現西武編成グループ・ディレクター）、ロッテは早大・小《こ》宮《み》山《やま》悟《さとる》（現早大監督）、ヤクルトもヤマハの右腕・西村《にしむら》龍次《たつじ》（現野球評論家）と、プロでも期待通りの活躍を見せた即戦力投手を、他球団は続々と指名していった。

野手では、野茂の抽選に外れたダイエーが、巨人志望を打ち出していた大阪・上宮《うえのみや》高のスラッガー、元木《もとき》大介《だいすけ》（現巨人1軍作戦兼内野守備コーチ）を外れ1位で指名。入団は拒否されたものの、ダイエーのその思い切ったドラフト戦略には、大きな注目が集まった。

オリックスは後に「パンチ」の登録名で有名になった熊谷組の外野手・佐藤《さとう》和弘《かずひろ》（パンチ佐藤・現タレント）、巨人は慶大の内野手・大森《おおもり》剛《たけし》（元巨人スカウト）を1位指名した。

その〝超豊作〟のドラフトで、阪神が野茂の外れ1位に指名したのは、法大のアンダーハンド・葛西稔だった。

東北高時代には、この年に大洋（現ＤｅＮＡ）から1位指名された後の大魔神・佐々木《ささき》主《かず》浩《ひろ》の控え投手で、主に一塁を守っていたという。法大では通算18勝、88年春、89年春の2度、投手として東京六大学のベストナインに選出されているとはいえ、野茂や与田、佐々岡、潮崎らに比べたら、その時点でのネームバリューも実績も劣る。

しかも、葛西のプロ1年目は1勝も挙げられなかった。

「基本、たたかれたのは田丸さんだよな。『法政ルートで一番楽なドラフトをやってる』みたいなね。でも葛西は、東北人だから粘り強いよな。あれだけたたかれたら、ほとんどポシャるよ。山村も獲りやすいといえば、獲りやすいよな、葛西と同じでね」

木戸、池田、猪俣、葛西、中込の囲い込み

菊地が指摘するように、田丸が阪神に在籍していた時代には、確かに「法大出身者」をドラフト上位で指名するケースが多かったのだ。

木戸克彦、池田親興、猪《いの》俣《また》隆《たかし》（新潟／86年1位）、そして葛西と、いずれも法大出身。つまり、田丸の直系の後輩だ。

１９８５年の日本一に貢献した捕手の木戸は、阪神一筋14年。池田は同じ法大出身の田淵幸一が監督を務めていたダイエー（現ソフトバンク）へ１９９１年に移籍したが、阪神での7年間で通算38勝をマーク。プロ2年目の１９８５年、西武との日本シリーズ初戦では初登板初完封の快挙も達成している。

１メートル86センチの長身左腕・猪俣も、阪神での11年で43勝、アンダースローの葛西も2年目に初勝利を収めると、阪神一筋13年で36勝29セーブ。葛西を含めたこの法大出身の４人は、成功したといってもいいだろう。

それは〝田丸の目〟の確かさを物語ってもいるが、一方で阪神はその「田丸ルート」に頼り切っていたという面は否めない。

甲府工も、当時の同校総監督・田名網《たなあみ》英二《えいじ》が、田丸の法大時代の先輩だった。

山村にとって甲府工の先輩でもある中込伸は、入学時は定時制。２年生になって全日制に移っていた関係で、卒業のためには「４年生」になることが必要だった。

しかし〝高校４年生〟だと、公式戦には一切出場できない。

そこで田丸は、驚くべきプランを繰り出した。中込を兵庫・尼崎市の兵庫県立神崎工に転校させ、同時に阪神の球団職員として採用したのだ。

昼は練習、夜は授業という１年間を過ごし、高校卒業見込みという〝指名の条件〟を手にした中込を、１９８８年のドラフトで１位指名している。

この年、中日も当時の野球協約で「来日５年」で日本人扱いとなることから、台湾出身で名古屋商科大に通っていた大豊泰昭を大学卒業後の１年間、中日の球団職員とした上で２位指名。大豊は１９９８年に阪神へ移籍、３年間プレーしている。

西武も、熊本工の定時制に在籍していた捕手の伊東《いとう》勤《つとむ》を、４年時に埼玉県立所沢高に転校させた上で、西武の球団職員として採用し、１９８１年に１位指名した。

西武の黄金期を支えた名捕手は、2004年に監督として日本一。後にロッテの監督、中日のヘッドコーチも務めている。

こうした〝囲い込み〟で、逸材を確保するという裏技を駆使できたのも、田丸の〝法大ライン〟があってこそだった。

田丸理論だと「石井一久はダメ」

それだけに、球団内でも田丸の発言力は大きかった。

「田丸さんは、自分の理論を持っているから、中込もそう、山村もどちらかといえば、田丸さんの『長く持って、うわーっと前で離しなさい』なんだよ」

菊地は、その〝田丸理論〟を説明してくれた。

田丸は山村のように、投げる時に肘がぐっとしなり、いわゆる「球持ちがいい」といわれる〝柔らかい投げ方〟をする投手を、高く評価する傾向があった。

菊地は、担当として推薦した東京学館浦安高の左腕・石井一久について「何球団も競合します」と説明したが、田丸は聞く耳を持たなかった。

「ああいうガチガチっとした投げ方はダメだって。『石井より三井の方が絶対上』って田丸さんは言うんだ。柔らかい投げ方だからって。だから、山村も田丸さんの推しだよな」

実はその年の4位で、阪神は北海道・足寄《あしよろ》高の左腕・三井浩二《みついこうじ》を指名しているが、当時は順位ごとに指名が競合すれば、指名権獲得のための抽選が行われるルールだった。

阪神はダイエーとの競合の末、抽選で三井を外し、その4位には東洋大の内野手・桧山進《ひやましん》次郎《じろう》を指名している。

4番も務め、後に「代打の神様」として一世を風靡《ふうび》。阪神一筋22年、通算1263安打を放った左打者を〝外れ4位〟で獲得していたのだ。仮に三井の交渉権を阪神が獲得していたら、桧山はひょっとしたら、阪神にいなかったかもしれない。

ちなみに三井は、ダイエー入団を拒否。社会人の新日鐵室蘭《むろらん》から新日鐵広畑を経て、2000年に逆指名で西武に入団、主にリリーバーとして9年間活躍した。

「最後の田丸遺産」山村宏樹

甲府工での山村は、田丸の〝見立て通り〟に、着実にステップアップしていった。

1994年は、山村が2年生の時だ。エースとして春の県大会で準優勝。関東大会に出場すると、その年のセンバツ準優勝校・大宮東（埼玉）と対戦した。

高校通算69本塁打をマークした平《ひら》尾《お》博《ひろ》司《し》はその年、阪神からドラフト２位指名を受けてプロ入りすることになる。まさしく、その年注目の超高校級スラッガーだ。

その平尾を、２年生の山村が完全に抑え込んだ。平尾が試合後「あんな２年生、見たことない」と脱帽したコメントも、メディアで大きく報じられた。

山村宏樹は一躍、大注目の右腕になった。

しかも、２年生ながら夏の山梨大会を勝ち抜き、高校入学前に掲げた目標の一つでもあった「甲子園出場」を果たしたのだ。

「ある程度、僕の、なんと言うんですかね、『思い通り』っていうんですか、なってくれたというところだったんです」

評判が評判を生み、強豪校がこぞって練習試合を申し入れてくる。

それは甲子園で対戦することを想定し、プロ注目の右腕の球筋や特徴を見ておきたいという強豪校ならではの対策であり、ひいては山村の能力の高さを裏付けするものでもある。

後に社会人の強豪・プリンスホテルを経て、１９９７年のドラフト４位指名で西武に入団する埼玉・春日部共栄の左腕・土《ど》肥《い》義《よし》弘《ひろ》との対決では、山村が17、土肥が19の三振を奪うという仰天の投手戦を繰り広げたこともある。

ただ、３年春には右肘を疲労骨折。４番打者として出場した春の県大会では、一塁への帰塁の際、左手小指を骨折するなどアクシデント続きで、最後の夏の甲子園は逃した。

それでも、山村の評価はうなぎのぼり。田丸好みでもある、その柔らかい肘のしなりを生かし、伸びのあるストレートを投げる姿は「江川《えがわ》２世」の異名まで取ったほどだ。

高校入学の直後から山村の潜在能力に惚れ込んでいた田丸は、１９９３年２月に66歳で、この世を去っている。

スポーツ紙に、こんな見出しが躍った。

「最後の田丸遺産」——。

１９９４年の阪神ドラフト１位は、甲府工・山村宏樹だった。

超人気球団の重圧

甲府工で甲子園に出て、プロに行く。

山村は、自らが思い描いていたルートを自らの力で踏破して、自らの夢を叶えた。

ただ、初めての〝山梨以外での生活〟が、心配の種だったという。

「最初が『関西』というのは、不安しかなかったですね。ただ、それだけです」

阪神の人気ぶりも聞かされていたから、関西に関する情報にも関心を持って見聞きするようにはなっていたにしても、関西の空気感や雰囲気を、肌感覚ではつかめていない。

質問を重ねてみたら、山村は笑いながら肯定してくれた。

「関西の人、最初、なれなれしかったやろ？」「あ、でも、そうかもしれない」

「人との距離が、近いやろ？」「ああ、それ、ありましたね」

前述した遠山昭治も、野田浩司も、藤田太陽も同じ思いを抱いていた。

他の地方から関西へとやって来た人たちが感じる「風土」への違和感は、阪神という超人気球団を取り巻く特殊な環境がブレンドされ、とてつもないプレッシャーへと変わる。

18歳の山村は、その大きな渦の中に、あっという間に取り込まれてしまった。

練習間の移動の合間にも、独自のコメントを引き出そうとする記者たちが山村を追いかけてくる。それこそ四六時中、山村の周りには誰かがいた。

「どこに行っても、人が来て、人が来て、じゃないですか。自分では、そんな選手じゃないと思っているのに……。もう、きょう、話すことないじゃん、って。実際、そうでした。答えることがないのに、答えなきゃいけないのもしんどいんです。自分がどう振る舞っていいのかも分からないし、その思いがずっとあるわけじゃないですか」

野田、藪、藤田のように、社会人を経由していれば、まだ周囲の状況にも「この人たちも仕事なんだ」と、ちょっとは割り切れる部分も見出せる。

なのに、高校生はそんな免疫もないまま、いきなり大人の社会に放り込まれる。

18歳の自分に取材が殺到するため、わざわざ専属広報がつくというその〝厚待遇〟さえも、山村にとっては、かえって心の重荷になった。

「年を重ねてくれれば、大丈夫、まあ、あしらっとけばいいや、みたいなところもあるじゃないですか。関西人が、関西に残ってたら、こういうことも多分ないんですよ。でも、こっちから行くと、ダメなんです」

それは、関西の雰囲気や空気感といった、言葉にしづらく、形のない〝何か〟だ。

「でも、ホントに〝そこ〟なんです。もう野球どころじゃないんです」

当時、ファームの若手選手は、相手投手の投球をチェックした球団のスコアラーが打者別の球種や投げてきたコースを図に記した「チャート表」を、試合中にネット裏からベンチへ運ぶ〝ハト〟という役目を、1軍のナイター時に交代で務めなければならなかった。

そのレポート用紙を持って球場内を歩いている山村に、試合中にもかかわらず、球場の阪神ファンから痛烈なヤジが飛んだ。

「何やっとんねん、ドラフト1位が！」

その一言一言が、山村の心をえぐっていく。

「何しとんや、って、もう……。これだって、やれって言われた仕事ですしね。極端に言えば、どこかに行っても言われるし……」

同期のドラフト3位・田《た》中《なか》秀《しゅう》太《た》は熊本工出身。高卒で同じ年とあって、休日に2人で出かけることもあったが、そんな時にも「山村さんですか？」

外食中にファンから声を掛けられ、サインを求められることもしょっちゅうだった。

「秀太とも『もう、出かけられんな』って……。落ち着いて食べられないんです。気になってしょうがなくて……。今でもそうです」

食事の席で「向こうの席からです」と差し入れが届いたりすることもある。見知らぬ人のケースが大半だ。それでも、礼を欠くわけにはいかない。挨拶に出向く。

すると、そうした一連の話が、いつの間にか「山村に、メシおごったったんや」という人が現れ、見知らぬ人の言葉が独り歩きし、回り回って、それが山村の耳にも入ってくる。

その〝無限ループ〟が発生するのも、阪神独特の環境ゆえだ。

「気づかないうちに……。しんどかったんでしょうね。極端に言えば、何かこう、どうしていいか、もう分からなくなるんです」

どこに行っても、誰かに見られている。そんな気がしてならなかった。

少しずつ、じわじわと積み重なっていた違和感が、いつの間にか、山村の心の中で「限界値」を迎えようとしていた。

思いもよらぬ〝症状〟が、山村に襲いかかったのは、５年目の春だった。

「分からないけど、何かおかしい」

心の状態を「コップ」に、コップに注がれる「水」は精神的なストレスに喩えられる。

日々のストレスが、コップの中にたまっていく。それが、日々少しずつ増えていく。いつの間にか、コップの縁まで、ギリギリいっぱいにたまってしまう。

人が〝心の病〟を発症するのは、その満杯の水が、ちょっとした、なんでもないような出来事でコップが揺れて、溢れ出た時なのだという。

その前年に、やっとプロ初勝利を挙げた山村にとって、１９９９年はプロ５年目のシーズン。野村克也が、阪神監督に就任した初年度のことだった。

開幕前の３月、ファームでの調整中のことだった。

鳴尾浜の寮・虎《こ》風《ふう》荘《そう》にあるウエートトレーニング室で、山村は甲府工の先輩でもある中込伸と一緒に練習をしていた。

「ゴミさんって、ふざけっこが好きなんですよ」

いつものように、練習の合間に中込がちょっかいをかけてくる。ちょっと強く、ボンと山村の背中を押した、まさにその時だった。

「チカチカっと、星が飛んだんです」

目がくらくらした時の、定番の表現だ。しかし、押されたのは背中だ。なのに、ふらついた。めまいがした。そして、なぜかその瞬間から、首が全く動かなくなった。

「それがきっかけになって、なんか、僕の中でも……。ホント、分かんないんですよね」

体のどこかが痛いわけでも、なんでもない。なのに、体がしんどい。しっくりこない。病院で精密検査をしても、なんの異常も見つからない。

「でも、ぐるぐる目が回るんです。おかしいな……と」

１９９０年代終盤は、まだこうしたメンタル面での不調に対し、野球界はおろか、社会全体でも、その理解が進んでいないような時代だった。

むしろ「根性が足らん」「仮病と違うのか?」といった陰口をたたかれ、そうした原因不明の不調を訴えた側の方が〝おかしい〟と受け取られるような状況だった。

「誰も信用してくれないんです」

コップの水がこぼれては、またたまり、そしてまた、溢れ出てしまう。

心療内科での〝お絵描き〟

ファームの遠征で名古屋へ向かう際は、鳴尾浜の寮からタクシーに乗り、まずJR甲子園口駅へ。在来線を使って新大阪に行き、そこで新幹線に乗り換える。

いつも通りのルートでの、在来線の電車内でのことだった。

「おい、山村、大丈夫か？」

同僚たちのその声が、ぼんやりと薄れていく。

「乗ってから〝ひきつけ〟みたいになったんです」

新大阪駅に到着した頃には、体の力が抜けて、ぐったりとしていたのだという。そのまま病院へ直行し、精密検査を行ったが、それでも原因がはっきりしない。

親身に寄り添ってくれたのは、寮長の梅本《うめもと》正之《まさゆき》だった。

阪神の選手だった梅本は、18年にわたって「虎風荘」の寮長を務め、私生活のチェックに目を光らせる「鬼《おに》軍曹《ぐんそう》」と呼ばれたが、それは選手たちを守るための愛情でもあった。

面談が定期的に行われ、若手選手たちは交際している彼女や食べ物の好き嫌いや故障の状態、持病の有無まで、すべて寮長に告げておく。

梅本は、そうやって選手たちの精神状態や家庭環境まで把握し、それぞれの気質に応じて対応を変えていた。だから、若手選手たちから絶大の信頼を寄せられていた。

２０２２年に日本ハム監督に就任した新庄剛志は、セ・パ交流戦で甲子園にやって来た時、ネット裏にいた梅本を見つけると自ら駆け寄り、コロナ禍で外部との接触が制限されているのも全く気にせず、その場で話し込んだのは、２人の絆の深さゆえだろう。

「多分、あの頃の寮生は、全員が『誰に会いたい？』って言ったら、寮長ですよ。ホントに話を聞いてくれる。『俺は親代わりだからな』って」

山村がそこまで深い信頼を寄せた梅本は、関西中のあらゆる病院を一緒に回ってくれた。

一筋のきっかけが見えたのは、ある病院の「心療内科」で診察を受けた時だった。

山村が受けた〝心理テスト〟は「あれ、今でも覚えていますね」

静かな部屋の中で、絵を描いて、色も塗らされたのだという。その〝お絵描き〟で分かったのは、体の不調の原因が「自律神経の乱れ」に起因しているという可能性だった。

「原因にたどり着いたんですけど、それって、言えないじゃないですか、球団としても。で、隠していたことに、僕もなんかもう、不安になって……。あ、言わないんだと」

当時は理解の薄かった〝心の不調〟

２０１０年代後半、さらに令和の新時代に入って、そうした〝心の病〟に対しても、やっと世間の理解が進んできた感はある。

スポーツ選手自ら、メンタル面から起因する症状を公表することも決して特別なことではなくなり、またそれを周囲がタブー視することもなくなった。

プロアスリートは社会的な影響力が大きい存在でもあるだけに、むしろ同じ症状の人たちへの励ましにもなると、公表したことに対しての勇気を称えられる時代でもある。

しかし当時は、社会全体でもそういった話に関しては、半ばタブーとばかりに、伏せられる傾向にあった。

医師からは、２つの提案があった。

「完全に野球をやめる」か、いったん「転地療養」を行うか。

山村はその診断を持ち帰ったが、球団がどちらの選択にも難色を示したのだという。いずれの選択でも、チームの管理体制を問われるような事態につながりかねない。何より、山村の〝原因不明の症状〟を、当時の球団では恐らく、明確には説明し切れなかっただろう。

梅本やトレーナーたちは、山村に「転地療養」を勧めた。病院で診断書を書いてもらった上で、ファームのスタッフがその実現へ向け、球団側に掛け合ってくれたという。

その夏、山村はひそかに、甲府の実家へ帰った。

「後輩の高校野球を見に行ったりしました。友達と出かけるというのも、ちょっとなんなんで、家にいましたけどね」

周りの目がなくなり、雑音が消えると、心が軽くなってくるのが分かった。実家での〝再充電〟の日々が、1カ月ほど経った頃だったという。

「俺、寮に帰るから、引っ越しを手伝ってくれよ」

1年先輩の平尾から、そんな電話が入ったという。一度は退寮した平尾だが、監督の野村克也から、野球に専念するために「寮に戻れ」と厳命されたのだという。

「それが嬉しくて『帰る、帰る!』って、それで帰ったんです」

先輩の気遣いも、多分にあっただろう。

「投げられる時に、投げたらええよ。グラウンドに出たかったら、出てこいや」

２軍監督の岡田彰布が、そう声をかけてくれたという。

ゆっくり、もう一度、歩き始めた山村に、球団側がとんでもない提案を投げかけてきたのは、その復帰直後のことだったという。

「デトロイト・タイガース」への留学を勧めた球団

球団社長の高田《たかだ》順弘《のりひろ》が、鳴尾浜の虎風荘へ山村を訪ねてきた。

「デトロイト・タイガースへ行きなさい」

提携するメジャー球団傘下となるマイナー球団への「野球留学」を勧めてきたのだ。

「今思うと、ですよ。野球がダメなんじゃなくて、この環境がダメだから、向こうへ行ってみなさい、と言われたんですよね。でも、その時は『自分はもう、いらないんだな』と受け取るじゃないですか。今考えると、球団って、すごいことを考えますよね」

当時の球団首脳に、改めてこの件を問いただしたわけではないから、一方的に非難することだけは避けたい。ただ、心の病で苦しんでいる当事者に、生活習慣も違う、言葉も通じない、別の国へと送り出そうとしていることは、なんとも理解しがたい。

またもや、周囲の状況に心がかき乱される日々に入ってしまった。

秋季キャンプのメンバーに、山村の名前は入っていた。ところが、その出発を4日後に控えた10月27日、球団から「明日、球団事務所に来てくれるか？」

戦力外通告が行われる前日に、その選手に呼び出しの電話が入るのが、今も昔も変わらない、プロ野球の世界での残酷な風習でもある。

「心の方が、もう疲れちゃったんです。その時に、クビならクビの方が、楽かなと思ったんです。どうせクビでも、しょうがないと思っているし……」

翌28日。戦力外通告は一人ずつ部屋に呼ばれる。

そこで山村は、ある球団首脳の心ない言葉に愕然とすることになる。

「野球やりたかったら、隣にいる編成担当の人に言って」

つまり、現役を続行したいなら、他球団に打診してみるよ、というわけだ。

なんともそっけない。そして、労《ねぎら》いの言葉すらなかった。

「分かりました、って言って、もう僕、球団に何も言わなかったんです」

「クビにされたのは納得できない」

球団事務所は、甲子園球場内にある。

待ち受けていた記者たちは、球場の外周を足早に歩く山村を追いかけてきた。

高卒のドラフト1位が、５年でクビになった。飛び交う記者の質問に、山村は1時間近くかけて対応した。

「球団は、原因を明らかにしてほしい。うやむやにするようだったら、自分ですべてを話したいし、訴えてもいい」「あることがきっかけで、1年間苦しんだ。３月に起きたことです。球団側がいい加減な発表をしたら、僕は全部言います」

「クビにならなければ、言う気はなかった。クビになった原因は、石田《いしだ》（博三《ひろぞう》）管理部長から『体調不良』だと言われた。でも、自律神経失調症になった原因はそのこと（３月に起きたこと）にあるにもかかわらず、僕をクビにしたのは納得ができなかったから」

すべての経緯は、球団に伝えていた。

「僕、もう、自分から言いたくなかったんです。球団には全部話していて、こういうことになって、こうやって体調が悪くなったんですよと」

当事者の自分が〝心の病〟になってしまった経緯を公表したところで、マスコミや世間の注目は、どうしても〝犯人捜し〟に終始してしまう。

そうならないように、球団にすべてを預けたはずだった。

なのに、翌日の新聞の見出しは、山村の意に反して、なんとも衝撃的だった。

山村爆弾発言　病気は球団に責任（サンケイスポーツ）
山村衝撃告白　解雇理由の自律神経失調症は阪神球団のせい（デイリースポーツ）
山村戦力外通告　複数の選手から精神的苦痛受けた（スポーツニッポン）

事態は、完全にこじれてしまった。

「中込さんを恨んだりとか、一切ない」

ファンに、マスコミに、いつも見られているような気がした。

山村には、阪神という超人気球団の環境が、どうしてもフィットしなかったのだ。

「ホント、何も気にしないとか、鈍感じゃないと、無理かもしれませんね」

悩める山村を常に励ましてくれたのは、甲府工の先輩で、同じドラフト1位の中込伸だった。気分転換の外食には、いつも中込が連れ出してくれた。

「僕、基本、ゴミさん（中込のこと）と行ってたんです。中込さんと行くと、大丈夫だったんです。それ以外は、自分だけでどこか行く、っていうこともなかったんです。なぜか落ち着いて、食べられない。周りが気になってしょうがない。今でもダメなんです」

阪神のドラフト１位。関西にいれば、それこそ顔も〝さす〟のだ。しかも、プロ野球選手は一般の人たちより体格もいいから、よけいに分かってしまう。

「しょうがないんですけど、でも、知らない人ですよ」

後に山村は、仙台を本拠地とする東北楽天に移籍して、８年間にわたってプレーするのだが「これが、東北に行くとないんですよ」

山村だと分かっていても、仙台の人たちはほぼ、話しかけてこないのだという。

だから、関西人は厚かましい、という短絡的なまとめにはしたくない。

しかし、人と人との距離感は、人それぞれだろう。山村にとっては、関西の人たちの間合いが、どうしても近いと感じてしまうのだ。

そうした違和感が、グラウンドで、取材で、普段の生活で、少しずつ積み重なっていく。

いつの間にか、山村の心のコップの中に、ストレスという水が常に満杯になり、それが何かのはずみで、どさっと溢れ出てしまうのだ。

その〝最初の溢れ〟のきっかけが、中込とのウエートトレーニング中に、いつものようにじゃれ合っている時、中込がちょっと強めに、背中をポンと押した瞬間だったのだ。

「今もそうでしょ？　何かあれば『中込がイジめた』って。でも、僕は本当にイジめられたという感覚じゃなくて、背中を押されたあの時に、それがきっかけになって、たまたま症状が出た、というだけのことなんです」

しかも〝発症後の山村〟を誰よりも支えてくれたのは、中込だったのだ。

「これ、外に何も出ていないですけど、僕がこうなった。そうしたら中込さんが京都まで2週間に1回くらい、治療に連れていってくれたんです。京都にそういう先生がいて、そこへ治療に連れていってくれました。そういうところって、表に出てこないじゃないですか。全部、プライベートでやってくれていて、全部、ゴミさんのお金ですよ。食べ物はこれがいいとか、サプリメントはこれがいいとか、食事もさせてもらったりしました」

そうした〝支援〟のことを、中込は黙して語っていない。

中込がイジめて、山村がクビになったという、周囲の一方的な決めつけに対しても、言い訳も弁明も、全くしていない。

「誰も知らないですよ。僕も言ってなかったし、ゴミさんはもっと言わない」

真意は、全くもって、世間には伝わっていないのだ。

「ホントに僕は、ゴミさんを恨んだりとか、一切ないんですよ。でもそれは、誰も信用してくれない。『しょっちゅう一緒だったやろ』『しょっちゅうイジめられてた』って。僕からすれば、いいことも悪いことも、全部ゴミさんが教えてくれて、僕に何も変なものがつかないように、守ってくれた人なんです」

山村への戦力外通告に関して、球団が報道陣に説明したのは、発症への経緯でもなく、山村の言う〝きっかけ〟のことでもなかった。

その日の報道を、サンケイスポーツの記事から抜粋してみる。

> (戦力外の)通告の席上、高田球団社長は「阪神のドラフト1位入団というプレッシャーさえなければ、再びプレーできるのでは」と自由契約選手にする意向を伝えたという。
> これに対して山村は大反発。病気となった原因をぶちまけ「調査してくれ」と要求。石田管理部長は山村の主張に、高田球団社長と相談の上「調査して返答する」「球団のイメージもあるので、今は口外しないように」と口止めもしたという。

中込が、練習中に山村を押した。その時に、めまいがして、体が動かなくなった。

それが、コップから水が溢れるきっかけだった。しかし真の問題は、コップに水がたまっていく「経緯」のはずなのだ。

なのに、球団側はそのどちらにも触れていないどころか、山村の訴えに対し、この期に及んでも、困惑の色を隠せなかった。それが阪神だけでなく、社会全体における当時の〝心の病〟への理解度の低さでもある。

そして、誰もが「中込」のせいだと、おぼろげながら感じていながら、その実名がどこにも出てこない。もちろん、球団も「中込」の名前を一切出していない。

だから一連の記事が、ぼんやりとした、もどかしい内容に映るのだ。

「中谷には、取材に行かんの?」

阪神・甲子園駅の東口を出て、甲子園球場を右手に見ながら、阪神高速道路の高架下をくぐり、左の路地に入っていくと、ほどなく「炭火焼肉　伸」の看板が見えてくる。

開店準備中の中込伸は「ここでええ?」と、四人掛けのボックス席に座ると「生ビールにする?」と笑いながら、自らウーロン茶を注いだコップを運んできてくれた。

すっかり、焼肉店のマスターとしての動きが、板についている。

阪神のドラフト1位の選手たちを追って、ここへ来ました。

そう説明すると「中谷には、行かんの?」

中谷仁の左目に、中込の投げた携帯電話が直撃し、視力が落ちて、プレーにも支障が出たというのは、阪神暗黒時代における〝負の伝説〟の一つだ。

その張本人が、いきなり、自分から、その話題に触れたのだ。

それを聞くべきなのか、聞くべきでないか。悩み、迷いながら、中込の店にやって来た私としては、いきなりの先制パンチを食らったような衝撃だった。

序章で言及したが、智辯和歌山高監督という立場を踏まえ、取材趣旨も理解してくれた上で「立場上、今回の取材はお断りしたい」と中谷から謝罪の電話を直接もらった。

そのことを、中込にまず説明した。

「あの子は、しっかりしているよ」

そう言いながら、明かしてくれたエピソードにも、また目を見開かされた。

元プロ野球選手は、アマ選手を指導するために「アマ資格回復」の講座を受ける必要があるのだが、中谷はそのために甲子園へやって来た時、中込の店に足を運んだのだという。

「いろいろお騒がせして、すみません、みたいなこと言うから『俺が原因なんだから、別にええんよ。お前は頑張れ』みたいなこと、言ったんだけどね。まあまあ、ホントにしっかりしているよね、そういうところは」

会話の流れが、いきなり勢いづいた感じがした。インタビュー取材は、この熱を帯びた瞬間を逃さないことが鉄則だ。

「山村君にも、甲府で会ってきました」

すると中込は、山村が戦力外通告を受けた当日と、翌朝の出来事を話し始めた。

中込伸

朝帰りに知らされた「先輩がイジめた」報道

神戸の繁華街・三宮で、知人と酒席をともにしていた時だったという。

中込の携帯電話が鳴った。

「実は、クビになります」

球団からの正式な通達を前にした山村からの思いもよらぬ報告に「なんでやー」と大声を

上げたという。

「まあまあ、別に阪神だけじゃないぞ。野球が終わるわけじゃない。お前くらいの実力があれば、どこか獲ってくれるわ」

そう励ました後、また、いつものペースで飲み続け、気がつけば夜が明けていた。

「べろべろになって、帰ったんだよ。そしたら、一緒に飲んでた人から電話がかかってきて『おい、お前、新聞に載ってるぞ』って」

アルコールがまだ残る、ぼんやりとした中で、スポーツ紙を手に取った。

ダイエーの日本一が大きく報じられている中で、山村の記事が目に飛び込んできた。

「そしたら、先輩がイジめた、みたいなことなんよ。うははははー」

中谷の〝携帯電話直撃事件〟は、これほどまでに大っぴらにはなっていなかったが、すでに、トラ番記者たちの間では、半ば周知の事実になっていた。

その当時、これを正面切って、中込に聞いたわけではない。それでも、すっかり中込のイメージは「ヒール」、つまり悪役だった。

そこに、高校の後輩の山村が「体調不良には原因がある」「複数の選手から精神的苦痛を受けた」と訴えたことが報じられている。

そこに「中込」の文字はない。

しかし、山村がクビになった背景には、なぜかしら中込の存在が見え隠れしていた。

「ドラ1クラッシャー」「阪神のジャイアン」「いじめっ子中込」

とんでもない異名がつけられ、そのイメージはもはや、定着してしまっている。

ツイッターもヤフーコメントもない当時でも、これだけ波及したのだ。これも、阪神という超人気球団の恐ろしさでもある。

そんなこと、違うわ。

そういった言い訳を、中込はその後、一言も発していない。

私には、それが不思議でならなかった。

山村は中込に対して「恨んだりとかは一切ない」と言い「むしろ感謝している」とまで言っているのだ。中谷だって、中込の店にまで会いに来ていた。

これは、どうも、何かが違っている。

「それはだから、いくら言い訳したって、思う人は思うしね。別にそんな言い訳をする必要もないしね。まあ、でも、ある程度僕もやんちゃで、こう、なんだろ？　ちょっと蹴飛ばしたり、そんなのするタイプだったから、まあまあ、それは『ジャイアン』でいいんじゃない、って感じやったわ、わはははははー」

漫画『ドラえもん』のキャラクター「ジャイアン」は、のび太に理不尽な要求をし、からかい、突っかかって来たのび太を返り討ちにしてしまう。

いじめっ子のジャイアン。だから中込は、阪神の「ジャイアン」と呼ばれた。

決して、誉め言葉ではない。それでも中込は、このインタビュー中、自らを何度も「ジャイアン」だと言って、豪快に笑った。

そして、あの一件を、いや二件の真相を、包み隠さずに明かしてくれた。

その前に、中込の野球人生を振り返っておきたい。彼の歩んできたキャリアの中に、中込という人間の〝心意気〟が見えるからだ。

「義理」で決めてきた進路

中学3年の時、ある友人が甲府工の監督・原初也に紹介してくれたのだという。

「いい選手なんです、見てやってくれませんか」

興味を持った原は、中込を呼んで、その場でキャッチボールをしたのだという。

数球投げると、即座に「ウチに、ぜひ来い」

しかし、勉強の方には全く自信がなかった。家庭教師に「監禁されたわ」と受験勉強に取り組んだが、甲府工の入試は不合格に終わった。

山梨学院高には合格していたが、当時の山梨学院高に甲子園出場経験はなかった。

ただ、そんなことよりも、中込は原の熱心さに惹かれていたのだという。

「こんなどうにもならん男を、原さんが導いてくれた。その一生懸命さで野球の方向に行けたんよ。頑張ればできるじゃんと。人間形成の面では、親じゃなくて、監督よ」

だから初志貫徹、甲府工にしか行くつもりがなかった。

定時制に入り、１年後に全日制を受け直した。１９８７年のセンバツに出場し、ベスト８に進出した右腕に、プロのスカウトたちは俄然注目した。

しかし、定時制からの転入のため、卒業のためには「４年生」になる必要があった。日本高校野球連盟に野球部員として登録されて４年目の高校生は、公式戦には出られない。

その時、阪神の球団職員になった上で、兵庫・尼崎の定時制高校である神崎工へ転校するプランを提案してきたのは、阪神スカウトの田丸だった。

「田丸さんは、僕をずっと見てくれていた。じゃあ、どうするとなった。甲子園に出た後はスカウトがいっぱい来てくれていましたけど、阪神に行きますと。僕、ジャイアンツファンだったんですけどね」

ちょっとやんちゃだった中学生を、原が野球の道に導いてくれた。そして田丸が、自分の投球を、熱心にずっと見続けてくれていた。

世話になった人たちに、報いたい。中込の行動を貫いているのは「義理」だった。

「でも、そこらへんから、僕の人生、ごちゃごちゃだな」

背番号99を背負った、阪神の「練習生」になった。

それはもう、阪神以外の球団には行かないという事実上の逆指名でもあり、阪神は1位指名する代わりに、他球団は手出しをしないというのが当時の〝不文律〟でもあった。

当時、ファームの練習グラウンドがあった兵庫・尼崎の浜田球場で練習を終えると、阪神電車に乗って神崎工に登校し、授業を受けた。

ファームの試合には、出られない。

しかし、その〝ワンクッション〟の1年が、大きかったという。

当時の寮は、甲子園球場のすぐ東、道路を挟んだところにあった。ちなみに、中込の焼肉店がある場所からは、ほんの数分でたどり着ける。

「そこの寮で、練習後のミーティングをした時に、なんか、みんな、すごいデカいな、こんなところでできるんかな、と思ったけど、できちゃったな。うはははー。すごい世界だと思うよ。田舎から来て、山梨で井の中の蛙でね、お山の大将でやってて、この中に入って、最初の印象ってすごいと思うけど」

中込の場合、特殊なケースだった。正式なプロ入りまで1年間の猶予があり、その間に関西での生活にも、プロの練習にも慣れることができ、先輩たちの気心も知れた。

「チームのことが分かるし、パッと入るよりも、周りの人だって、ある程度話もしてくれるし、なじめる。そういうのはいいかもしれないね。今でいう、育成みたいなもんだよね」

「ドラフト1位は、みんな暗いんよ」

中込がブレークしたのは、阪神が優勝争いを繰り広げた1992年だった。神崎工時代を実質1年目と考えると、プロ生活5年目に相当した。

繰り返しになるが、高卒の選手は、大学に行ったと考えて、まず「4年」を育成期間と踏まえ、5年目に出て来るというのが〝育成の定説〟でもある。

静かに、ひっそりとプロ入りした中込は、順調にステップアップしていったのだ。

1992年、先発ローテーションの一角を守って9勝。200回3分の2という投球回数は、分業制が進んだ現在、２０２２年のセ、パ両リーグには一人もいない。

翌１９９３年も、１９９イニングを投げた。

「それくらい、先発だと投げにゃいかんでしょ。今は5回投げたら、後は中継ぎに任す、楽なシステムになっているよね。僕らの時は、やっぱり7回、8回までいって、抑えにやるという意識だったしね。まあ、でも、6日間休みをもらっているから、それくらいせにゃ、イカンというのはあったからね。中6日中、5日は遊んでるんだから、そういうプレッシャーはあったよ。よーく僕、飲みに行くから、次、早い回に打たれて負けたりしたら、文句言われるじゃん。それがイヤだったから、一生懸命頑張った。うはははは－」

うまい酒を飲むために、投げるんや。

ひと昔前のプロ野球選手には、こんな豪快なタイプが確かにいた。

しかし今は、プロ野球選手も「アスリート化」している。栄養、トレーニング、そして節制は不可欠だ。夜の街で遊んでいたら、写真誌や週刊誌のターゲットにもなってしまう。

「みんな、真面目にせにゃイカンけどね。この球団にいたら、そりゃそうなる。ジャイアンツもそうだけどね。僕はちょうど、その〝終盤〟に立ってたかな」

豪快に飲み、思い切り遊び、その分、しっかり練習して試合で投げる。

大阪のミナミで飲んでいると、ラグビーのニュージーランド代表・オールブラックスの選手たちが、大挙して現れたことがあったのだという。

体格では、中込も見劣りしない。言葉は通じなくても、同じスポーツマンの血が結びつけてくれる。いつの間にか意気投合すると、上半身裸で、オールブラックスが試合前に雄たけびを上げながら踊る儀式「ハカ」を、一緒に踊っていたのだという。

その姿を見ていた阪神ファンがボヤいたのを、店のホステスが聞いていた。たまらず、笑いながら中込に〝チクって〟くれたのだという。

「中込、やっぱりダメだな、って言ってたよーって。そうか、そうか、って。でも、ノリでええやんね、そんなん」

こんな底抜けに明るい、昔気質《かたぎ》の男にとって、後輩の山村も中谷も、いつも気になってしょうがなかったという。

「暗かった。ドラフト1位って、みんな暗いよ。でも、やっぱり1軍に上がってなかったら、だんだん暗くなるわな、確かに」

だから、励ましてやりたい。ところが生来の〝ジャイアン気質〟ゆえに、悪気は全くないのに、ちょっとばかり行動が荒くなる。

「よけいなお世話なんだよな、俺はね、あいつらからすると」

それでも、いつも山村と一緒にいた。そばにいてやりたいと思ったのだ。

「阪神って独特な球団だから、いるだけで有名人になっちゃう。そういう面ですごく難しい球団というのはあるよね。ドラフト1位といったら、仕事せんかったら、契約金泥棒って言われるし、周りもこの子を育てなあかんというのもあるから、やっぱりすごい雑念が入ってくるんですよ。だから、こうじゃないのになと山村も思いながらやってる部分があったから、自分のものが出なかったんだよね」

「悪名、無名に勝るだよ」

ドラフト1位の取材だと野田浩司に告げた時に「中込のところ、行きました?」と聞かれた。「あいつも、いろいろと言われていますけど、いい男ですよ」

中込は、焼肉店の経営に乗り出した時、野田からきつく忠告されたという。

「やり出したら『絶対真面目に店に出て、それでやらにゃいかんぞ』という言葉をもらったんです。ああ、そういうことやなと。あの人の助言がなかったら、ちゃらんぽらんでやってたかな、俺も。だから5年、無休でやって、そこでお客さんがある程度ついてくれて、今があるっていうアレだから、そこだけは感謝している、って言っといてください。あいつもいい男だよ、って言ってたと、言っといて、うはははー」

中込の焼肉店は、２０１１年12月に開業した。

甲子園にほど近いこともあり、試合観戦の後にやって来るお客さんも多く、固定客のリピーターも増えた。プロ野球のキャンプ時で閑散期となる2月の１カ月間は完全休業した上で、家族サービスをする月にしているという。

いつの間にか定着した「悪者」のイメージとは、どうも違う。

「まあでも、それはホント、しょうがないよ。マスコミの人たちもそういう風に書く。僕としてはラッキーだよ。悪名だから。いい人だったら店に来ないよ。悪いやつだから、ちょっと見てやろうか、いちゃもんでもつけてやろうかと店に来てくれるわけだから。

悪名、無名に勝るだよ。そういうので、まだまだ僕の名前が残っているというのは、こいつら（山村と中谷）のお陰でもあるんだよ。いい先輩で終わっていたら、今、こうして商売をしていて『あそこ、いじめっ子の中込のところだよね』みたいな話にはならないよ。まあまあ、『ジャイアン』は、直ってないけどね。お客さんをいじり倒すし、その悪名があるからいじり倒せる。いい人じゃなくてもいいんだよ、うはははー」

清《せい》濁《だく》併せ呑む、といえば、美化し過ぎだろうか。
現状を受け入れる。だから、悪い評判と分かっていても、それを逆手に取っていく。
それくらいの度量でないと、プロ野球の世界でも、商売の世界でも、生き残っていけないのかもしれない。

「僕は、阪神タイガースということで、ドラフト1位という名前もあって、そのお陰でこの商売ができているわけだから、1位に対して、何かつらいとか思ったことはないよ。ただ、やっぱり〝アンチ中込〟は『阪神の球場の近くで商売やるなんて』って思うかもしれないけど、それだって阪神のお陰だよね。だからみんな、ドラフト1位はプレッシャーや圧力があって、取材に答えたくない、聞かれたくないというのはあるかもしれないけど、僕は逆にありがたかった。今でもそうだよ」

　だからこそ、山村や中谷のように、その重圧をまともに受け、こぢんまりとしてしまっていた姿に、なんとかしてやりたいという〝親分気質〟が働いたのだ。

「だから、あの携帯の時もね……」

　そのシーンを、中込は克明に話してくれた。

「俺がバーベキューに誘わんかったらよかったんや」

1999年夏のある日。

ファームの本隊は、遠征に出ていたという。

鳴尾浜に残っているのは、出場機会のない調整組と、ケガ中のリハビリ組。練習を終えた中込の視線の先に、うつむいたまま、寮を出てきた中谷の姿が映った。

「パッと見て、暗いなと思ったんよ。たまたまあいつ、下向いて出てきたんよ、寮から」

中込は、たまらず声をかけた。

「おーい、ちょっと今から、1軍のリハビリ組、ポンコツたちと一緒にバーベキューするんや。ポンコツたちと一緒に、バーベキューに行くか！」

鳴尾浜はその名の通り、海の近くにある。中込は、海岸近くの公園でバーベキューを開く予定だった。ベテラン選手の家族や子供たちも交えての盛大な宴だ。

「あいつは、真面目なんよ。暗くなっとったからね。だから『ちょっと来い。ポンコツたちと、行くぞ』って言ってね」

ポンコツ、と連呼するのも、中谷への励ましと、参加しやすい空気を作るためだろう。

肉や野菜を焼いている時、中谷は海の近くで、ベテラン選手の子供たちと遊んでいたという。その時、中谷の携帯電話が鳴った。

「投げても、下が砂やから（携帯電話が落ちても）大丈夫やろうと思って投げたら、ガツンとあたってしまった」

左目を直撃してしまったのだという。

視力が低下し、プレーに支障が出たのも事実だ。なんとも不幸な事件だ。

ただそれも「中込が至近距離から投げつけた」という話になっている。

山村をイジめ、中谷には携帯を投げつけた。

とんでもない男のイメージは、もう、四半世紀近く変わっていない。

「俺が誘ったからだよ、そういう事件が起きたのは。真面目にしてるからなんだよな。あいつがちゃらんぽらんで『いや、いいです、今から飲みに行くんで』ってなってたら、その事件は起きんかった。俺が誘うからや、そこで誘わんかったらな……」

この件に関して、中谷には聞いてはいない。だから、中込の述懐だけで、これが真相だと断言しているのではない。

ただ山村によると、中込はその後、中谷の治療にも山村の時のように付き添い、和歌山の実家を何度も訪れ、中谷の母親に謝罪を繰り返していたという。

「山村君から、それも聞きました」と伝えると、中込はまたもや、豪快に笑った。

「そうかー、あいつも、そういうことを口にするようになったんやな。やっと口を開いたんやな、うはははははー」

山村と中谷の〝その後の活躍〟が嬉しい

阪神から戦力外通告を受けた山村には、近鉄が即座に獲得へ名乗りを上げた。

２０００年に１軍監督へ昇格した梨田《なしだ》昌孝《まさたか》は、その前年まで２軍監督を４年間務めていたことで、山村のファームでの投球をよく見ていたという。しかも１９９９年は、かつて阪神のエースとして活躍した小林繁が２軍バッテリー総合担当コーチだった。

「梨田さん、ホントに早かったです。11月の頭には連絡が来ました。クビになって実家に帰っていたんですが、すぐに電話がかかってきました」

知り合いからの電話は「ちょっと小林さんと代わるわ」というものだった。

山村はその時、小林とは話もしたことがなかったのだという。

「お前、もうウチでやれ」「はい？」「大丈夫、できるから。任せろ、俺に」

小林も、阪神というその「環境」の特異さを知り尽くしている。その〝場〟を変えさえすれば、山村は持てる力を発揮できると踏んでいたのだ。

小林の電話を引き継いで、梨田も山村に声をかけた。

「ウチでやれ。大丈夫だ。環境が変われば、お前はできるから」

２人の〝目〟は確かだった。

山村は２０００年、６勝を上げ、オールスターにも出場。近鉄がリーグ優勝を果たした２００１年にも７勝をマークし、日本シリーズでも登板している。近鉄がオリックスと合併した２００５年に新球団の東北楽天へ移籍すると、２０１２年まで現役を続けた。

引退後は山梨でデザイン会社に勤めながら、母校・甲府工のコーチを務めている。

中谷も、２００６年に東北楽天へ移籍。２０１１年に戦力外通告を受けるが、12球団合同トライアウトに挑戦すると、巨人が獲得に乗り出した。

その人柄とキャッチングのうまさが重宝され、現役引退直後の２０１３年には、日本代表監督の原辰徳の推薦で、ＷＢＣで日本代表のブルペン捕手も務めている。

その後、母校・智辯和歌山高の監督に就任。恩師でもある名将・髙《たか》嶋《しま》仁《ひとし》の後継という重圧を背負いながらも、２０２１年夏の甲子園で全国制覇に導いた。

その２人の活躍が、中込はたまらなく嬉しいのだという。

「中谷が優勝したら、俺の名前が出るじゃん？　お客さんも言ってくる。頑張ってくれているから、いいのよ、いい、ホントに。それでダメになっていたら僕も責任を感じるし、あの事件があったから、こいつはダメな人間になったとか、そうやられた方がいやだ。逆境でそういうこともあったけど、それを乗り越えて頑張っているという方が嬉しいよね。俺が精神的に強くしてやった、みたいなね。うははははー、そんな感じ」

山村も中込も〝あの一件〟の後、見事なまでに立ち直っている。その再出発のために、中込は親身になって寄り添っていた。

そのことを、自分から話したりはしなかった。悪名を否定することもしなかった。

「いい、いい。それでいい。いい人でありたくないから」

「俺は〝悪名〟でいいんだよ」

山村宏樹と中込伸。

2人の間に起こった出来事として〝報じられている内容〟は、その全体像からすれば、ほんの一部分にすぎなかった。抜け落ちてしまっている要素も、説明され尽くしていない内容も、そして私たちの取材が及んでいない部分も、あまりに多過ぎる。

なのに「中込＝悪役」の図式だけは、四半世紀近い年月が過ぎても、実に強固なのだ。

「でも、それでいいんだよ。悪名だよ」

そう言って、明かしてくれた中込の〝ポリシー〟に、笑いをこらえられなかった。

「死んだ人って、2回死ぬっていうじゃない？　人間として死ぬ。で、噂や話にも出ないようになって、それが2回目。2回目に死んだら、もう人間はダメっていうよね。悪名でもなんでもいいから、ずっと言ったらいいんだよ。僕は、逆に今言ったように、野球人としてはもう死んでいるわけだから、またこうやって、マスコミの人が話を聞いてくれたらまたネタになる。そうして、ずっと生きているんだよ」

じゃあ、2度目に死ぬ前の遺言ですね、これ？

「そういうこと、うはははー。そうそうそう」

悪ノリ気味にそう中込に告げたら、大笑いしてくれた。


山村が「中込のせい」と言ったと思い込んでいた

ただ、一つだけ、中込が〝誤解〟していたことがあった。

山村が戦力外通告を受けた翌日、あるスポーツ紙が「A投手の殴打が原因」と書いた。

それを、誰もが『A＝中込』だと思ったのだ。

記事が掲載されたその当日、山村は「A投手って誰ですか？　書き過ぎです」と阪神担当の記者たちに、暴行がなかったことも含めて全面否定している。

そして山村は、一切「中込」の名前をメディアに向けて発していない。しかし、中込の方は、山村が「中込さんにいじめられた」と公表したと思い続けていたのだ。

「あいつじゃ、ないんだ？」

山村への戦力外通告後、球団が「調査結果」として明らかにしたのは、トレーニングルームで横たわっていた山村の首付近を、「ある選手」が踏んだという事実のみ。しかも、そのアクシデントと自律神経失調症との因果関係は否定している。

その「ある選手」は中込ではないことを付記しておく。

また、ストレスと心の関係を示す〝コップの水論〟といった概念も、山村が抱え続けていた苦悩に関しても、その当時の球団には、さらに自省を込めていえば、番記者をはじめとした報道する側にも、全く理解が及んでいなかったというのも間違いない。

「選手って、何か言い訳にしたいわけじゃない？　だって、クビっていうのは、やっぱり恥ずかしい問題で、何かを理由にそういう風になっちゃった、でも僕はまだできますよっていいう言い訳。僕も日本でダメで、まだできると思って台湾に行った。そういう言い訳が必要な部分ってあると思うから、彼がそう言ったのはしょうがないことですよ」

インタビューが始まって、山村の一件を話し始めた時、中込はこう語っていた。

そこに私はすぐに違和感を覚えたのだが、あえてスルーして、最後の最後に説明するような形で、山村が一連の問題に関して、すべての対応を球団に預けていたことを告げた。

「そういうのがあったんだ。でも、そうか。この後、山村に文句も何も言ってないし、詰めてもいないしね。そうか、そういうのがあったのか」

うなずいて、最後にこうつぶやいた。

「ええこと、聞けたわ。聞けてよかったわ。楽しかったわ」

ただ、１９９９年の〝誤解〟は、今もなお、消えていない。

そのことだけは、阪神の取材に関わった記者の一人として、反省と悔恨《かいこん》の念とともに、忘れず、胸に刻んでおきたい。

HANSHIN

第7章

派閥

——在阪スポーツ紙における「与党」と「野党」とは?

TIGERS

安藤統男

（あんどう・もとお）

1939年4月8日生、茨城県出身。
土浦一高～慶大を経て、1962年阪神入団。
阪神在籍12年で922試合出場、
通算打率·221、33本塁打、138打点、ベストナイン1回。
1974年～1981年まで1軍守備コーチ、2軍監督などを歴任。
1982年から3年間は1軍監督。監督通算178勝189敗21引き分け。
1987年から3年間、ヤクルトの1軍作戦コーチを務めた。

吉田義男

（よしだ・よしお）

1933年7月26日生、京都府出身。
山城高から立命大を1年で中退、1953年阪神入団。
阪神在籍17年で2007試合出場、打率·267、66本塁打、434打点。
ベストナイン9回、盗塁王2回。
1975～1977年、1985～1987年、1997～1998年に監督。
監督通算484勝511敗56引き分け。

一枝修平

（いちえだ・しゅうへい）

1940年7月24日生、大阪府出身。
上宮高～明大～河合楽器を経て、1964年中日入団。
1972年から近鉄、1974年に阪神。
阪神在籍1年で57試合出場、打率·187、1本塁打、10打点。
中日時代の66年にベストナイン。
阪神で8年間、中日で5年間コーチを務めている。

27年間、会社勤めをした中で、上司から胸ぐらをつかまれたことが1度だけある。

「お前、どういうつもりや。何してくれよんじゃ」

「あんたが言って、やらせていたことを全部言うただけや」

「何がしたいんじゃや、おらっ。そんなことして、ええと思っとるんか」

当時、産経新聞社の地下1階にあった社員食堂に、怒声が響きわたった。胸を締め上げられたその瞬間、本気で殴ってやろうかと思った。もし拳を握っていれば、それこそ収拾《しゅうしゅう》がつかないことになっていたかもしれない。

しかし、血が上る頭の中にも、どこか冷めた一部分が残っていた。

「この人も、焦っとるんやな」

１９９６年10月、ある夜のことだった。

「こんなことして、このままやっていけると思うんか」

入社7年目、29歳。阪神担当は2年目。プロ野球記者の経験も3年目にすぎなかった。

そんな若造が直属の上司に歯向かい、部長も局次長も通り越して、編集局長に「おかしいです」と直言したことで、編集局中が大騒ぎになったのだ。

「君たちから聞いていることと、喜瀬君から聞いたことが全く違います」

直属の上司、当時はデスクだったのだが、事実上、当時のサンケイスポーツの阪神監督問題取材を差配し、情報を一手に握っていたその人を、ここでは今後「X」としておこう。

編集局長から事情聴取をされたXは、完全に血相が変わっていた。

「おい、ちょっと来いや」

ぶつけられた言葉には、理性の欠片《かけら》もないどころか、まるで脅《おど》しだった。

「こんなことして、お前、このままやっていけると思うんか」

令和の時代なら、スマートフォンの録音機能で一語一句録音し、パワーハラスメントだと訴え、胸ぐらをつかまれた画像でも公開すれば、その上司の会社員人生もおしまいだ。

こちらは、もう会社を辞めるつもりでいた。だから、徹底的にやり合う覚悟だった。

刺し違えてやる。このまま、幕引きされてたまるか——。

青くさい、記者としての意地だった。組織人としてこの状況をまるっと飲み込み、一会社員として、ずるく、賢く生きていくという選択肢は、全く持ち合わせていなかった。

ただ、あれから四半世紀以上が過ぎた「私」が、あの時の「私」を見ればよく分かる。返り血覚悟とは威勢がいいが、Xにしてみれば、怖くもなんともなかったのだ。

便利に使える、しかもその時の〝旬のネタ〟を、間違いなく取ってくる、忠実な犬くらいにしか、見られていなかった。

要は、なめられていたのだ。その手下に盾突かれ、Xの苛立《いらだ》ちが頂点に達したのだ。

組織の中での立ち回り方も、その機微にも通じていなかった。だからあの時、取材してきたことを、忠実に、すべて隠すことなく、Xに報告していた。

「あなたは、できる記者ですわ」

何度もおだてられ、いい気になっていた。

しかし、最後の最後にはしごを外され、挙句《あげく》の果てに、部会でXにこうなじられた。

「最後の最後で妥協するから、こんなことになるんです」

１９９６年、藤田平解任、吉田義男3度目の監督就任。

サンケイスポーツは、その「新監督人事」を、完全にミスリードしたのだ。

監督交代までの間、およそ1カ月半にわたり、私が何を見て、何を聞き、何を書き、そして、最後に何が起こったのかを、これから記していく。

それは、阪神の監督問題を巡る電鉄本社、球団内での主導権争いに、関西のスポーツ紙が乗っかる、つまり在阪スポーツ紙が〝代理戦争〟を繰り広げるという、関西の阪神報道における、最も醜悪な部分の内幕でもある。

冷静に考えれば、一介の記者がやるべきことではないようなことなのだ。

私は期せずして、阪神とスポーツ紙の「派閥抗争」に、足を突っ込んでいたのだ。

「兵隊」1年目、辞書片手に「外国人担当」

阪神の場合、関西のスポーツ紙にはまず、専属の番記者が3～4人つく。

トラ番キャップは、基本的に監督を徹底マークする。その下にサブキャップがいて、当時の私は単なる「兵隊」と呼ばれる〝ヒラ記者〟だった。

現場では、投手担当、野手担当と分かれるのだが、英検準1級で日常での英会話レベルなら支障がなかった私は、いつの間にか「外国人担当」という〝新ポスト〟を任されていた。

球場へ来る助っ人選手の家族たちと、試合中にスコアをつけながら、一緒に試合を見た。

トラ番1年目だった1995年1月17日、阪神淡路大震災が発生した。

その年の新外国人選手で、元ヒューストン・アストロズの4番を務めた大物メジャーリーガー、グレン・デービス（登録名・グレン）と、メジャーでの実績は乏しいながら、私と同じ年齢だったスコット・クールボーは当時、神戸の六甲に住んでいた。

通常なら、甲子園球場まではタクシー通勤になる。ところが、震災の影響で道路事情が悪かったため、自宅から阪神の御《み》影《かげ》駅までタクシーで来ると、そこで阪神電車に乗り換え、甲子園球場へと通っていた。

だから、本拠地での試合時には、毎日のように御影駅で待ち構え、一緒に阪神電車に乗って、球場へと向かった。

２人も、決して堪能とはいえないレベルで質問してくる日本人記者に、大いに興味を持ってくれた。グレンが発する単語に、私が首をひねると「辞書、引け」と質問をいったん中断して、答えるのを待ってくれていた。

常に持参していた和英と英和が一緒になった辞書で調べ、意味が分かって「ＯＫ」とうなずき、質問を返すと、今度はグレンが「その辞書、貸してくれ」とめくったページの単語を指さし「こうだ」と答えてくれた。

そのやり取りのお陰で、使える英語の語数がどんどん増え、会話も日々、スムーズに通じるようになってくる。原稿のネタはどんどん出てくるし、英語が上達している実感まであったから、もう一石二鳥どころか、三鳥も四鳥も２人からもらっていたようなものだ。

監督の藤田平が、低迷するチームの起爆剤として、新外国人の獲得を要求したことで、グレンとクールボーは、2年目の1996年途中に解雇されることになる。

6月10日のことだった。

札幌・丸山球場での横浜戦を終えた阪神は、次の遠征地・広島へ空路向かったのだが、そのチーム便にグレンとクールボーは乗らず、伊丹《いたみ》空港に降り立った。

球団は、外国人の住所を公開していなかった。ただ、グレンが「俺の住んでいる六甲アイランドのマンションには、ウエートトレーニングのできるジムがあるんだ」と話していたことを思い出した。カメラマンに「多分、ここに住んでいます」と連絡を入れ、とあるタワーマンションのエントランス前で、先に張り込んでもらうことにした。

するとそこに、2人に解雇を通達する球団社長の三好《みよし》一彦《かずひこ》が現れたのだ。カメラマンの存在を認識して、ぎょっとした顔をすると、足早に去っていったという。

札幌から駆けつけた私に「ホントに来たよ、社長。ビックリしてたわ」と報告してくれたカメラマンが撮影したスクープ写真は、外国人にクビを告げに来た決定的証拠だった。

グレンが、エントランスに降りてくると「俺に、コーヒー、おごってくれるか?」近くのカフェでたっぷりと2時間、ことの顛末《てんまつ》を話してくれた。

「チームも最下位で、ファンも怒っている。その目をそらすために、俺をクビにしたんだろう。つまり、スケープゴートだ」

その過激な一問一答は「お前へのギフトだ」と、サンスポ紙上で独占公開された。

クールボーとは、私が2003年に米マイナーリーグの視察に出向いた時、メキシコの国境近くにあるエルパソの球場で、偶然再会した。

記者も観客もいない試合前のことだった。

一人でスタンドから練習を視察していると、ノッカーがやたらとこっちを見ている。

「おい、来たのか、日本から？」

そう声をかけられてメンバー表を見直したら、その2Aのチームの監督のところに「スコット・クールボー」の名前が記されていた。

「また阪神に行きたいよ。誰が打撃コーチなんだい？」

「和田（豊）さんだよ。覚えてる？」

「あ、あの右打ちの？　それなら、俺にやらせてくれよ」

まさか、テキサスの空の下で、阪神の話で笑い合う日が来るとは思いもしなかった。

監督問題報道の号砲「新聞辞令」

1996年シーズン途中、藤田の希望を受けて、グレンとクールボーに代わって獲得した外国人選手は、左打者のケビン・マースと右打者のクレイグ・ワーシントン（登録名・クレイグ）だった。

マースの夫人は、ヨチヨチ歩きだった娘と一緒に、遠征先でも欠かさず試合を見に来た。

「ええネタになるから、お前は記者席におらんでええ」

そういうところの嗅覚が、Xはさすがだった。

新聞には「中版」と呼ぶ、試合終了には間に合わない、締め切りの早い紙面がある。そこに、試合前の話や試合の動きをまとめた〝途中原稿〟を書くのだが、それを早々に仕上げると、マース夫人と娘のいるスタンドへ出向き、毎試合のように、その横に座った。

「マサが来るのを待ってたのよ。ちょっと、娘を見ていてもらえる？」

夫人がトイレに行く間、マースの娘と2人で試合を見ていたこともしょっちゅうだ。

「アイ・ラブ・クジ」

2歳の女の子は、なぜか小柄なショート「久慈」が気に入ったと私に話してくれた。

マースの娘、クジが大好き。

「なぜなんだろうな。俺にも分からないよ」というマースの反応までつけ加えて、コラムに仕立てた。阪神だと、こうやって何から何まで記事になってしまうのだ。

　メジャーの名門、ニューヨーク・ヤンキースでプレー経験があったマースは、何度となく私に、阪神報道の〝異常ぶり〟を伝えてくれた。

「ヤンキースよりも記者が多いよ。俺たちの行くところ、常にカメラがあるもんな」

日米の人気球団を渡り歩いてきたマースも、いつの間にか、監督騒動に巻き込まれる。チームの成績不振と球団フロントとの対立も相まって、監督の藤田は途中解任となる。

「これは、俺にとってはポジティブな話なのか？」

獲得を望んだ指揮官がクビになる。その図式から出る答えは、いたって明確だ。

「多分、違うと思うよ」

１９９６年９月４日。その日のスポーツ紙こそが、監督問題報道の号砲だった。

藤田解任決定　緊急役員会を招集（サンケイスポーツ）

藤田解任決定　田淵、掛布、一枝、安藤、吉田５氏中心に後任人選（日刊スポーツ）

藤田留任推す声なく　新監督ついに人選スタート（スポーツニッポン）

先に言っておくが、藤田の解任が正式決定、発表されるのは9月13日のことだ。

この「新聞辞令」を皮切りに、事態はどんどん動いていく。というより、スポーツ紙がそれこそ勝手に動かし、大騒ぎして、かき回している感すら否めない。

翌5日、サンケイスポーツの1面は「次期監督　安藤氏最有力」だった。

しかも「週明けにも役員会で裁定」と、今後のスケジュールまで記されていた。

安藤さんが、やるのか……。

大きな波が、徐々に迫ってくる音が聞こえてきたような気がした。

Xに会社で手招きされたのは、その1面が出た5日のことだった。

上司から「サラリーマン人生が開けましたな」

「あなた、安藤が保証人らしいですな」

ええのが、おったわ、というわけだ。それは、今になって分かる〝解釈〟だ。

「はい、父の知り合いで、この世界に入る時に『俺の名前があった方が役に立つやろうから』って、入社保証人のハンコを押してもらいました」

ちょっと、自慢したかったのもある。今なら、絶対に隠していた。己の人脈をひけらかすのは、自分の情報元、つまり手のうちをさらけ出しているのとイコールだ。

若さと経験のなさからくるその浅はかな言動が、今更ながら、悲しくなってしまう。

そうか、と言わんばかりに、Xがうなずきながら放った言葉を、今も忘れない。

「これであなたも、サラリーマン人生が開けましたな。次、安藤ですから」

その断言できる根拠は、一体どこから出てくるのか、当時の私には全く分からなかった。

サンケイスポーツは当時、阪神の人事情報に疎《うと》いという歴史があった。

「ニュースに弱い」というそのレッテルは、新聞社にとっては屈辱的だ。そこで、他紙で阪神の人事情報を抜きまくっていた敏腕のXを、ヘッドハンティングしてきたのだ。

なので、年はもちろん違うが、入社の年次が私とXは、実は同じだった。

そのXが、なぜか私に目をかけてくれた。

食らいつき、わずかな変化を見逃すな

どうやって、ニュースを抜くのか。

紙面を見ていても、その仕掛け方はもちろん、そのソースすら見当がつかない。

「どうやったら、分かるんですか？」

無邪気すぎる質問に、Xは丁寧に答えてくれた。

「食らいつくんや。ずーっと、家の前で張っとくやろ。毎日、顔合わすわな。そしたら向こうだって、何日かしたら『またおるんか？』くらい、声かけてきよるやろ。そうなってきたら、チャンスや。口調とか、目の表情とかを毎日、よおチェックしとくんや」

ことが動いた時、その当事者には必ず、なんらかの変化があるという。

挨拶すら避け、目を合わさなくなったり、しゃべらなくなったりする。そんな時、きっと「何か」が起こっている、と読み解くのだ。

1995年7月、当時の監督・中村勝広の辞任が不可避の状態になった頃だった。

私は神戸・東灘《ひがしなだ》区にあった当時の球団オーナー・久万《くま》俊二郎《しゅんじろう》の自宅前に立っていた。

「きょうは、何もしゃべられへん。しゃべったらアカンと言われとるんや」

連日、待ち構えていた記者に「毎日、同じや」「何もないで」と苦笑いしていた久万の言葉が、突然のように、がらりとトーンが変わったのだ。

私は、Xに早速電話で報告した。

「しゃべられへん、言うてます。これまでと全然、違います」

「お、そうか。ヨソは来とるか？」

デイリースポーツの記者がいたことも報告し、大阪・梅田の本社に戻った。

「藤田２軍監督昇格」

新監督のニュースが、紙面に躍っていた。

久万は「藤田」とも、なんとも言っていない。ただ、対応が変わったと報告しただけだ。

それを〝潮目の変化〟と見抜き、これまでの取材で積み上げたニュースを鮮やかに出してくる。私には、タネも仕掛けも全く分からない手品のようにしか見えなかった。

こんな風に、自分もばんばんニュースを出せる記者になれるんだろうか？

Xに対して、最初はそれこそ畏敬《いけい》の念しかなかった。

ただ、他紙の先輩たちからは、注意喚起を促すかのように言われ続けた。

「あいつはデビルや。触ったら死ぬぞ」「あいつの歩いた後は、何も残ってへんからな」

うまい具合に使われて、ポイとされるぞ——。

多分私の〝その先〟を、容易に予測できていたのだろう。

安藤さん、とあえて書く。

この人だけは、どうしても敬称抜きでは書けない間柄だということを、ご理解いただきたい。

9月6日付のサンスポ1面は、安藤さんの単独インタビューだった。

「安藤氏熱意、再建若手OBの手で」

ただ、そのインタビューは、別の記者が行ったものだった。

Xから「これからは、安藤を徹底マークしろ。ずっとついていけ」と命じられた。

インタビュー記事が出たその日、安藤さんはグリーンスタジアム神戸（現ほっともっとフィールド神戸）で試合解説のスケジュールが入っていた。

「あれも、なあ……」

安藤さんは、私の顔を見るなり、あきれたような表情でことの顛末を話し出した。取材に来た記者に、一般論としての「阪神再建論」を語った上で、こう釘を刺したのだという。

「俺のカギ括弧の後に『だが』『しかし』と続けるなよ、って言ったんやけどな。やっぱりついとったな。どうせXとかが、そう書かせてるんやろ?」

これも、阪神報道での〝あるある原稿〟のお決まりのパターンでもある。

安藤さんを直撃すると決まった時点で、見出しはすでに決まっている。

それこそ「安藤最有力」と打った翌日の紙面だ。その当人がどう思っているか。新監督として意欲十分、いつでも行けるぞという、前向きな、勢いのある内容が求められる。

その見出しに、ぴたりとはまる原稿を作らなければならないのだ。

「若手を使うべき」「指導者も若返りしないと」

それは、あくまでチーム再建への〝当たり前の話〟だ。これでは食い足りない。そこで安藤さんが指摘する「だが」「しかし」が頻出することになる。

もちろん、安藤さんの語りは、そのまま使うのだ。ただ、監督就任が決まったわけでもなんでもない。仮定の話を振って、仮定の話を答えてくれている安藤さんには、むしろ感謝しなくてはならないのだが、そこには、あくまでこちらが〝意図〟するような熱意や、具体的なプランが入ってくるはずもない。

そこで、こんな風に仕立て直すのだ。

だが、あくまで正式要請前だから、言葉は控えめだが、その目は光っていた。

しかし、その言葉の端々には、意欲がほとばしっていた。

見出しに合うように、この〝魔法の接続詞〟を置き、内容を合わせるのだ。

阪神の監督を経験した安藤さんだから、こちらの手のうちも分かっている。そして、私を密着マークに送り込んだサンスポの、そしてXの意図も見え見えなのだ。

「まあ、ついてきても何もないぞ。ホントに俺なのか？　違う人じゃないのか？」

そう言われながら、安藤さんに次の日のスケジュールを聞き、解説の予定が入っている球場へ、私も出向いた。阪神の現場取材などそっちのけだ。

スポーツ5紙の1面見出しを〝読み解く〟

安藤さんに解説の予定がない日には、朝に電話を入れた。

「きょうはお前のところ、何て書いたんや？」

それまでに、スポーツ紙全紙を購入し、それぞれの見出しと、監督問題を報じる記事の内容をチェックしておく。

「日刊は？」「スポニチはどうや？」「デイリーもあるか？」

「報知は、俺が評論家のところやから、俺が言わん限り、俺の名前は出ん」

このやり取りも、阪神ゆえかもしれない。

各社に、情報源がある。

そして、ある〝ライン〟に強いという、各社の特色があるのだ。

日刊には、評論家として吉田義男、一枝修平という監督候補にも名前が上がる強力な阪神OBがいた。さらに吉田は、当時の球団社長・三好一彦との強いパイプがあった。

だから日刊は、球団首脳の情報に関して正確だと見られていた。

スポニチには、阪急、近鉄監督を務めた重鎮・西本《にしもと》幸雄《ゆきお》が評論家にいた。

関西野球界の「ドン」である西本は、吉田の師匠格であり、同じテレビ局で野球解説も務めていた。安藤さんが辞任した直後の１９８４年オフ、阪神監督就任を要請されながらも固辞した西本が推薦したのが吉田で、これも大きな後押しとなって、１９８５年からの第２次吉田政権が発足している。

さらにスポニチは、電鉄本社に強いといわれ、親会社の意向をきっちりとつかんでくることにも定評があった。

デイリースポーツは、球団内部の幅広い人脈を誇っていた。

役員会に出席する幹部の中でも、デイリーがつかんでいるのは、本社サイドではなく、球団サイドが多いと見られていた。

つまり、各紙が報じている内容を見れば、どこが、どういう方向性にしたいのか、どう考えているのかが見えてくるわけだ。

だから、よく「ウソばっかり」といわれる阪神報道だが、それぞれの主張を掲げた〝代理戦争〟と考えれば、辻褄《つじつま》は合ってくる。

本社サイドはこう、球団首脳はこう、球団内部はこう。

それぞれの思惑が、各紙に書かれていると解釈すれば、話の筋は見えてくる。

その状況を、安藤さんは私に見出しを読ませて、把握していったわけだ。

そこに、サンスポが絡んでくる。安藤さんも、Xのことはもちろん知っている。

「俺が2軍監督をやった頃やったな。Xがまだ記者になった頃とちゃうか？　ノックに入れって言って、守らせて、走らせたこともあったわ。あの頃の気持ちを思い出せって、Xには言うとけ。安藤がそう言ってたって」

そのXが、オーナーの久万の懐に、ぐいっと食い込んでいることは、トラ番たちの間だけではなく、球団内部、さらにはベテラン選手たちの間では周知の事実だった。

「あいつにしゃべったら、Xに筒抜けになる」

甲子園に、ふと顔を出した時だった。ある中堅選手が、ニヤニヤしながら私に声をかけてきた。普段は決して親しく話をしたことのないような選手だったから、ちょっと驚いた。

「安藤さんのところ、行ってるんでしょ？」

妙なカマをかけられたかと思うと、今度は親しくしていた裏方の一人が、大慌てて駆け寄ってくると、人気《ひとけ》のないところへ引っ張り込まれた。

「お前、むちゃくちゃ言われとったぞ」

ある選手が、何人かの選手たちを集めて「サンスポの喜瀬にしゃべるな。アイツに何かいうたら、Xに筒抜けやから」と忠告していたというのだ。

「注意せなあかんぞ。えらいことになっとるぞ」

まるでXの手先として動いているように映る私の存在は、完全に色眼鏡で見られてしまうようになっていた。

次期監督問題は、連日のようにヒートアップしていく。

9月14日、サンスポの1面には「？」も「へ」もついていなかった。

「安藤新監督決定」

その1面に「記者の目」として、私の署名原稿が掲載されている。

添えられた見出しは「過去乗り越え、要請あれば受ける」「安藤氏慕うスタッフ多数」

なぜ、安藤さんが監督を引き受けるのかという、その〝心のうち〟を記したものだ。

「自分のところには99・9%、要請はこない」

安藤さんは、日本一前年の1984年オフに、一度は留任発表されていながら、辞任するという、仰天の人事に巻き込まれている。

5年契約の3年目だった。だから、辞める必要などない。

監督時代の安藤さんは、自らアメリカに足を運び、そのプレーを見た上で、ランディ・バースの獲得を決めている。知り合いからの紹介で、安藤さんが入団テストの場を設けた掛布雅之は、押しも押されもせぬ「4番」に育ち、阪神が強くなる素地を作り上げていた。

1985年の日本一は、安藤さんが整えてきたベースがなければあり得なかった。

しかし阪神のフロントは、安藤留任で保険をかけておいた上で、裏で元阪急、近鉄監督を務めた名将・西本幸雄に監督就任を要請するという、不可解な動きに出る。

その動きを察知した安藤さんは、辞任を決断した。

監督就任を断った西本が勧めたのが、吉田の「２度目の監督就任」だった。

その吉田招へいに動いた張本人が、当時は電鉄本社取締役・西梅田開発室長を務めていた三好一彦だった。神戸大の野球部員だった４年時に、同じ関西六大学リーグの立命大１年生だった吉田とは、それこそ「野球」がつなぐ、気心の知れた間柄だった。

その三好が、球団社長なのだ。

安藤さんにしてみれば、自分を〝断った人〟でもある。

「だから、自分のところには99・９％、要請はこない」

私には、そう言い切った。何度となく「俺じゃないぞ」と繰り返していた。

私が安藤さんについて回っている間も、一度たりとも「監督をやるぞ」と言わなかった。

「俺のところに話が来ることなんかあったら、球団は相当な覚悟で来ると思うんだ」

確かに安藤さんの言う通りだ。それだけの決意が、球団にあるのかどうか。

大げさな表現をすれば「恩讐《おんしゅう》を超えて」ということだろう。

こういう表現の仕方は良くないかもしれないが、当時の安藤さんを慕う人たちの多くは、球団の内部で、いわば権力を持たない〝一般職員〟の人たちだった。

安藤さんが、私の入社の保証人だと知ってから「お前は、安藤の子分やからな」と、気にかけてくれる球団内部の人が増えたことも、ある意味、その証拠かもしれない。

その人たちからも、何度となく聞かれた。

「ホンマに、安藤さんがなるんか？」

球団の現体制は、安藤さんを迎え入れる体制ではない。ちょっと球団の歴史を振り返ってみれば、すぐ分かることなのだ。

ただ、その球団内部の支持という〝声〟を汲み上げ「安藤」を推したのが、オーナーの久万で、そこにべったりのXが、サンスポに「安藤」と書かせているのだ。

Xの言葉は〝天の声〟であり、その手先として動いているかのように映る私が、安藤に密着している。

そのサンスポの動きから、オーナーの意向は「安藤」と、誰もが見ているのだ。

辻褄が合わない

9月の中旬頃から、私はどうも雲行きが怪しいと感じ出していた。

私が安藤さんや周辺から聞く話と、取り巻く状況との辻褄が全く合わないのだ。

　というより、そもそもXから監督問題にまつわる動きや、オーナーの久万がこういう意向だから、といった情報は一度たりとも聞かされたことがない。

「安藤がなるから」

　サンスポが、そのXの言葉を「金《きん》科《か》玉条《ぎょくじょう》」のごとく守っているのは、それがオーナーの言葉だと信じているからだ。

　しかし、その裏付けは誰も取れない。というより、Xが一人で抱え込み、漏らさない。

　虎の威を借る「狐」の言葉だけですべてを判断し、取材をさせ、原稿を展開しているのだ。

「体調は大丈夫なんですか？」

　Xに聞かれたことがある。安藤さんは低血圧の傾向があり、麻雀仲間でもあった私の父からも、麻雀の最中に真っ青になって倒れたことがあるのを聞いたことがあった。

　それも、監督退任後は毎年のように検査を受け、問題ないことを確認していた。

「奥さんは、どうしていらっしゃるんですか？」

　これもXに聞かれた。安藤さんの奥様は、監督時代の心労から体調を崩していたことがあった。しかし、そのケア体制も十分に整え「だから、解説にもこうやって出られるんや」

　それも、すべて報告した。

安藤さんを監督にしたくない側は、そうした〝ネックとなる材料〟を、続々と突きつけてきていた〝よう〟なのだ。それが、人事抗争における敵対側の定石《じょうせき》でもある。

一方の推す側にしてみれば、懸念材料を消していくための重要な〝身体検査〟でもある。

その内情の説明はない。ただ、Xは私の報告をもとに、オーナーに具申《ぐしん》していたのだ。

手柄を取りやがって、というのではない。

なぜ、この情報がいるのか。その詳細を知らされずに、ただ「言え」と命令だけしてくるXのやり方に、疑問ばかりが募《つの》ってきたのだ。

監督問題の流れを知り、報道を差配しているのは、確かにXだった。

安藤さんの動きを追う私は、球団内部の情報から必然的に遠ざかることになる。

ただ、取材チームというのは、それぞれの動きを把握して、流れや状況を逐一確認し合わなければならないはずなのだ。

そうした取材の基礎にも、キャリア的に疎かったことは、確かにある。

今を思えば、すべてを報告し過ぎた。そして、おかしい、話が合わないという突き合わせをやるべきだったという、反省と悔いしかない。

あの頃の、まだ取材キャリアが浅かった私でさえも「おかしい」と判断できた事態は、日を追うごとに複雑さを増し、混乱の一途をたどっていくことになる。

どうして「安藤シフト万全」になるのか？

「安藤新監督決定」と1面で報じたその2日後、9月16日のことだった。サンスポに「安藤監督誕生」の見出しが躍った。しかも「20日にも就任要請」とある。

安藤さんは、東京ドームでの巨人―ヤクルト戦の解説で東上した。

「ホントに、俺のところに来ても何もないんやぞ」

その日の紙面に、なんとも気になる〝もう一つの原稿〟が掲載されていた。ただ、もちろんXから事前の説明などない。紙面を通して知るのだ。

久万オーナー、三好球団社長で来季もこの体制　安藤シフト万全

その見出しに、私は首をひねらざるを得なかった。

どう考えても、万全ではない。この2トップでは「安藤」という一致した結論に落とし込むのは、実に難しいはずなのだ。

なのに、サンスポの報道はますます「安藤」で固まっていく。9月18日の1面には「安藤監督　20日にも正式就任要請、受諾へ」とまで話が進んでいる。

ところが、その翌日の9月19日は「正式要請延期」という1面だった。

球団社長の三好が発したとされるコメントは、実に意味深だった。

「ずばりの人がいれば、何もこんな問題にならない」

12年前の因縁

ある時、Xが妙なことを言い出した。

「安藤のな、要請の使者は横溝さんや」

実は、この問題が最も、私の中で引っかかっていた。

監督要請の使者、つまり、露払いのような人が、こういう舞台には必要になる。正式要請前に、こういう流れです、ひいては、という旨を伝えに行く儀式でもある。

普通なら、球団社長が打診に訪れるのだろう。そして、正式要請は本社社長、球団オーナーという順序を踏む。これが、会社組織というものだ。

ところが要請にまず、球団取締役で編成部長の横溝桂が出向くというのだ。しかも、9月

22日のサンスポは「きたるべきXデーに使者として赴くのは誰か」と題した原稿に「横溝氏浮上」。もちろん、Xが書いたものだ。

この「要請の使者」について、安藤さんとも話したことがあった。

「ようせいは、ティンカー・ベル（妖精）や。俺のところには飛んでこないよ」

ウイットに富んだ安藤さんの言葉は、ある意味で核心をついている。

三好は、俺のところに来られない。

その事情は、12年前の因縁に遡る。だから横溝で、というわけだろう。

Xの原稿には「球団役員の中で、安藤氏を最も強く推薦したのが横溝取締役」とあり、それが〝使者としての根拠〟になっている。ところが、安藤さんは「俺、別に横溝さんと親しいとか、何かあったとか、全然ないんや」というのだ。

そうすると、横溝が安藤さんを強く推す理由は、どこにあるのだろう？

まず、球団内部の〝安藤さんシンパ〟の多さから、勝ち馬に乗る心理ではないか。

横溝の場合、監督決定に大きな影響力を持つ「役員会」に出席するメンバーの一人でもあり、オーナーへの忖度だって働くだろう。さらに、現場とフロントをつなぐ役割の「編成部長」として、この案が一番まとまると踏んだ実務面からの判断もあるはずだ。

ただ、横溝は根っからの〝安藤支持〟でもない。すると、役員会の流れが変われば、横溝の対応が変わる可能性はあるのではないか。

その「横溝使者案」の頃からだった。

サンスポの紙面上の話と、私が安藤さんやその周辺から聞かされている話が、全く合わなくなってきたのだ。

「本当に安藤さんが監督になるんですか？」

9月25日付の1面は「安藤阪神組閣　審議を継続　就任要請日は決まらず」

話が、次第にトーンダウンしていく。

Xと、会社で2人きりでミーティングを行ったのは、その頃だった。

「ホントに、安藤さんがなるんですか？」

私は、Xに単刀直入に聞いた。

「それは間違いないです」

そう言って「何かありませんか」と聞かれた。つまりは、ネタを出せというわけだ。

「本当になるんですね？」

「なります」

「ならば、掛布さんが打撃コーチになります」

それは、安藤さんが常日頃から言い続けてきたことだった。

掛布は、千葉に本拠地を移したロッテから、監督就任のオファーが来たことがあった。指導者として、新たな一歩を踏み出すべきだと、安藤さんは「カケに、俺は『行け』って言ったんだ」と、その内幕を明かしてくれた。

「でも、カケは『僕は、タテジマのユニホームしか着ません』って言うんだ」

安藤さんが紹介する形で、阪神の練習参加という形での〝入団テスト〟を経た掛布は、１９７３年のドラフト６位で入団した。当初は守備力に難があったという掛布に、連日のようにノックを打ち続けたのは、若きコーチの安藤さんだった。

「ミスター・タイガース」と安藤さんは、まさしく師弟関係にあった。

飲みに行って、帰って来て、酔っ払っていても、虎風荘の屋上でバットを振ったという猛練習。そして、誰もが声を揃えて言うように、また第４章でも紹介した数々のデータが物語るように、高卒の野手は「掛布以降は育っていない」のが、阪神の共通認識でもある。

繰り返しになるが、強調するために、あえてもう一度記しておく。

掛布以降に入団した阪神の高卒野手で、阪神在籍時に通算５００安打に到達したのは新庄剛志、関本賢太郎、濱中治の３人しかいない。

同１０００本安打には、掛布以降の高卒野手では、誰も阪神在籍時に到達していない。

掛布復帰と書いた私に「もうすぐ、分かるから」

１９８７年3月22日、掛布は飲酒運転で現行犯逮捕されている。

主砲の不祥事に激怒したオーナーの久万は「掛布は欠陥商品」だと叱責した。乗客の安全第一の電鉄会社ゆえに、こうした事件は見過ごすわけにはいかなかったのだ。

ただそれ以来、周囲はこう見るようになってしまった。

久万は掛布を嫌っている。久万がいる限り、掛布は阪神に戻れない――。

それも、阪神の〝定説〟だった。これを忖度して、オーナーに「掛布」の名を具申しづらいという動きもあるのだろう。それもまた、組織の難しさでもある。

ただ、掛布雅之がもつスター性、実績、ネームバリュー、そして解説でも分かる高い技術力。それを、阪神再建に生かさない手はないのだ。

いつかはきっと、掛布を戻さないといけない。もし「監督」に安藤さんが戻れば、その深い関係性を踏まえれば、掛布を復帰させることはできる。

安藤さんなら、やれるのだ。安藤さんは、掛布をはじめ、当時はオリックスにいた岡田彰布らの名前を挙げ「カケやオカが、阪神に戻ってこないといかん。次の阪神は、カケやオカが作っていかんといかんからな」という、先輩としての思いは実に強かったのだ。

自分が、踏み台になる覚悟だったのだ。その強い思いは、私のような若造でも分かった。

「本当になるのであれば、書けます」

Ｘに、そう言ってしまった。

「さすがですわ。あんたは、よう取材できますわ。それ、頼みますわ」

だから、10月１日付の１面は、こうなった。

安藤監督　３日に要請　打撃コーチに掛布氏

３面の「帰って来るぞ、ミスター・タイガース」の原稿は、私の署名入りだった。

「お前、あれ、書いたんか？　なんで書いたんや？」

安藤さんは、あきれたような口調だった。

「もうすぐ、分かるから」――

それが、安藤さんとこの〝騒動中〟に話した、最後の会話だった。

日刊と報知が〝沈黙〟する理由

私が「打撃コーチに掛布氏」と書いたその日、各紙の報道が大きく割れた。

【日刊】　3日要請　安藤すでに内諾
【デイリー】安藤決定
【報知】　吉田、安藤、一枝　きょうにも一本化
【スポニチ】安藤で一本化図れず

翌2日付の1面で、スポニチは「吉田浮上」と打ち、3日には「三好一任、吉田に要請」と書いてきた。

この「三好一任」が、当時の監督問題のキーワードでもあった。

阪神の監督を決める「役員会」は、合議制の形を取っていた。9月4日付のスポーツニッ

ポンには、その「役員会出席者」が掲載されていた。

久万俊二郎オーナー、三好一彦球団社長、手塚《てづか》昌利《まさとし》本社社長、山崎《やまさき》登《のぼる》球団取締役（本社常務）、野崎勝義球団常務、西山《にしやま》和良《かずよし》球団本部長、横溝桂編成部長、藤井《ふじい》純《じゅん》監査役（本社常務）、十河《そごう》正弘《まさひろ》総務部長

この9人が話し合うのだが、ここで具体的な名前が飛び交うのではないという。

デイリースポーツは、9月16日付の紙面で「監督問題の解説」を記している。

藤田監督解任の方向性が定まった9月3日の役員会で「アトランダムに20人」の監督候補の名が挙がったのだという。

だから日刊は、9月9日付の1面で「元巨人監督・藤田《ふじた》元司《もとし》氏リストアップ」と書いている。これも恐らく、20人の中の1人なのだろう。

デイリーも、9月10日付で「外部招へい　元西武監督・森《もり》祇晶《まさあき》氏」、9月23日付では元広島監督・古葉《こば》竹識《たけし》氏を「三好社長が久万オーナーに明日にも上申」と報じている。

すべては根拠のない与太話ではないのだ。しかも日刊は、自社の評論家に吉田義男と一枝修平という〃絞り込まれた候補〃を抱えているのだ。

評論家は、監督やコーチに就任する際、その正式要請が来た時点で、契約していた社にそ

の経緯や決意を伝えるのが〝最後の務め〟である。

古い言い方だが「禄《ろく》を食《は》んだお礼」を、自身の現場復帰という特ダネでお返しするのだ。

他紙に名前が挙がっても、自社では触れない。もし、本当になるのであれば、最後の最後に「決定」と、他紙よりも当然、先に書けるのだ。

その吉田に、正式要請もアプローチもないから、日刊は沈黙している。

サンスポが「安藤」と書き「掛布」の名前まで挙げながらも、2人が評論家を務めるスポーツ報知では、監督候補にその2人の名前を全面的に押し出してくることはない。

その年、巨人が優勝争いを展開している最中でもあったのだが、当然ながら巨人中心の新聞社ゆえに、阪神の監督問題に割くスペースも小さい。

安藤さんは、これを常に強調していた。

「報知が書いてないんやぞ。だから、俺のところには何もない。サンスポにあんまり出るから、報知に聞かれたよ。『安藤さん、一応聞きますが、ホントにないですよね？』って」

だから報知には、新監督の有力候補としてさりげなく、吉田、一枝、安藤を並列で記していた。

〃黒幕批判〃のスポニチ

スポーツニッポンの読み筋は、終始一貫していた。

9月3日の「藤田解任やむなし」の中で、監督決定は「合議制」だという久万の意向を言質のごとく、記している。

9月10日付の1面で「球団案は一枝修平氏」。そこから一貫して「一枝」と報じ続けた。

安藤を推す久万。しかし、過去に〃安藤下ろし〃に加担した形になった三好だけに、できることなら、このオーナー案は避けたい。

三好と懇意《こんい》の吉田は、就任となれば3度目の監督復帰となる。阪神の球団史上、その〃第3次政権〃になったケースは、それまでになかった。

そうした背景と、球団内のパワーバランスから考えれば、阪神でもコーチ経験が十分にある一枝は、能力としても、そして落としどころとしても、妥当な人選でもある。

そして、サンスポの〃暴走〃を戒めるかのように、9月14付の紙面に、一連の監督問題に関する解説原稿を掲載していた。

「黒幕が下りれば新たな1ページが」という見出しで始まる原稿は、なんとも意味深だ。

要請を拒否された場合も、公のものではなく、球団として傷がつかない。世間体としても拒否にあった事実を認めずに済む訳である。だが、この第三者介在が過去、いかに忌まわしい汚点を残してきたか。球団首脳の総辞職となった84（昭和59）年10月の安藤統男監督退陣騒動、89（平成元）年の一枝修平氏の監督要請固辞の騒動も、ともに第三者介在が生んだ悲劇だった。阪神はいままさに、この悲劇の歴史に終止符を打つべき時を迎えている。

オーナーから情報を引っ張って、これを書く。

それは「トップの意向」だから、そうなる可能性は確かに高いのだ。発言力が大きいゆえに、その意向を知れば、他の勢力の動きへのけん制にもなる。

それが実現すれば、ますます「オーナーに強い記者」として一目置かれる。そうした関係を踏まえて、その記者に接近してくる球団関係者や選手を、私も何度となく見たことがある。

ただ、それは監督問題の全体像からすれば、一局面でしかない。

政治の世界では「御庭番《おにわばん》」と呼ばれる。

派閥のトップのもとへ、それこそ夜討ち朝駆けを繰り返す。そうして信頼を得ると、その政治家が動くと目立ってしまうところを〃メッセンジャー役〃として、他の有力議員との間を取り持つような、重大な役割すら任されるようになってくる。

〃伝書バト〃が運ぶ手紙の中身は、ニュースなのだ。それを書けば、特ダネにもなる。

そうやって、派閥の意向に沿って原稿を書いていく。

その政治家が次第に権力を持つようになり、地位が高まっていくにつれ、その記者も社内や政治記者の間で、影響力を強めていく。

あの記者は、あの派閥のお抱えだ。あの記者の言葉は、あの政治家の考えなんだ。

そんな〃永田町の論理〃で展開される「政局中心」の原稿ゆえに、新聞が面白くない、ダメになったともいわれている。

それは客観的な報道ではなく、派閥や有力政治家の〃代弁〃だからだ。

在阪スポーツ紙の「阪神監督問題」を巡る動きも、これと同じ図式なのだ。

球団50、オーナー40、その他役員10のパワーバランス

サンスポと同様、最後まで「安藤」と書き続けたのはデイリースポーツだった。

そのデイリーは、10月6日付の紙面で「安藤案2日の役員会で断念　組閣がネックに」と

いう〝釈明〟を掲載している。

その中で、役員の一人のコメントとして、役員会の状況が説明されていた。

「発言力でいえば、球団が50、久万オーナーが40、その他役員が10」

だから、Xの動きもこれで読めてくる。

久万が「安藤」としたのは、現場寄りの球団サイドが「安藤」を推したからだ。

三好は「安藤」に難色を示したのは間違いない。それこそ三好がうなずいていれば、このパワーバランスなら、一気に決まるからだ。

しかも、各スポーツ紙の報道の中で一度もその名前は出てきていないが、球団役員会の出席者の一人で、当時の球団常務・野崎勝義が著書『ダメ虎を変えた！』（朝日新聞出版）の中で、元デトロイト・タイガース監督のスパーキー・アンダーソンを推薦、入団交渉も行っていたという経緯を明らかにしている。

しかし、メジャーの名将にも断られた。

事態が長引いた。いや、反対派は長引かせたのだろう。デイリーに語ったとされる役員の一人は、その〝最終決断〟の様子を、リアルに再現している。

「もういいでしょう。後は三好社長に決めてもらおう」

久万が、堂々巡りになる議論を打ち切って、そうまとめたというのだ。

この流れを、きちんと読み切ったスポニチの〝切り返し〟は鮮やかだった。

10月1日には「安藤で一本化図れず」、翌2日は「吉田浮上」、同3日に「吉田に要請、三好一任」と打ち、「吉田渡仏」と書いた同4日には記者がパリに飛んだ。

つまり、オーナーは推し切れなかった。だから「球団一任」という形になったのだ。

三好が決める。こうなれば、答えは一択になる。

Xも、きっと分かっていたのだ。

オーナーが綱引きに敗れて「三好一任」になったことを、だ。

日刊が「急転吉田」、サンスポは「球団&安藤ニアミス」

10月4日、大阪市内のホテルで、当時の日本高等学校野球連盟会長・牧野《まきの》直隆《なおたか》の野球殿堂入りを祝うパーティーが行われることになっていた。

牧野は慶大出身。安藤さんにとっては大先輩だ。もちろん出席の予定だった。

ここに久万、手塚、三好の阪神電鉄、球団トップも出席するのだ。高校野球が甲子園で行われる関係上、日本高野連との関係は密接だ。

「トップとご対面」

私が〝書かされた〟実にお気楽な1面だ。

スポニチは「吉田渡仏」だった。フランスの代表監督を務めた経験のある吉田は、所用もかねての渡仏の途に就いていた。

パーティーの席上、安藤さんと阪神トップは会話を一切交わさず、微妙な距離を保っているように見えた。まあ、そう見るから、そう見えるのだろう。

「ニアミスやな。それ、書いて」

Xが、そう指示してきた。

「単なるスケッチですよ。中身、何もないですよ。それでいいんですか？」

だから、その中にニュースのかけらも入っていない。

「お預け」「肩透かし」。言葉遊びのような単語の羅列だ。それしか書けないのだ。

おかしい。やっぱり、おかしい。

安藤さんの「もうすぐ分かる」という言葉が、ずっと引っかかっていた。

いやな予感がして、朝早くにコンビニエンスストアに駆け込んだ。

日刊スポーツの1面を見た瞬間、呆然とその場に立ち尽くした。

急転吉田

自社の評論家を「次期監督」と書いた時、それが「答え」なのだ。

「最後に妥協するからこんなことになる」

兵庫・芦屋《あしや》市内にある三好の家へ急いだ。

日曜日だったから、球団に出勤することはない。普段着姿の三好が玄関先に出て来るその直前に、まず家から出て来たのは、球団広報の一人だった。

すべては、決まったのだ。

「おかしい」と言えなかった自分が、ただ情けなかった。

会社に戻ると会議室に呼ばれた。運動部長が、渋い表情で口を開いた。

「ここ数日の監督問題は、全く核心を突いていませんでした」

そりゃ、そうだろう。前提が間違っているのに、押し通したからだ。

ただそれは、会社の判断でやったことではないのか？　疑問と怒りが込み上げてきた。

その時、Xがこう言い放ったのだ。

「最後に妥協するから、こんなことになるんです」

会社員なら、こう言うべきだったのかもしれない。

「すみません。力足らずでした。今回の反省を糧に、次こそ、抜き返します」

そんな心境ではなかった。

というより、私は完全に、はしごを外されていたのだ。

私は、編集局長に対面を申し入れた。監督問題での一連の報道に関して、私の知るすべてを説明した。

Xからのフィードバックが全くなかったこと。「なるから」と言われて、その前提で書いたのに、核心を突いていない、最後に妥協したと言われた。

そんなん、おかしいやろ。

Xは、間違いなく分かっていたはずなのだ。

三好一任。その瞬間に、軌道修正をするのが「報道」だ。

しかしそれは、オーナーサイドの〝負け〟を意味する。

それは、Xの「力」が奪われることでもあるのだ。

デイリーから日刊へ「与党」が〝交代〟

これで、球団の主導権は三好―吉田ラインが掌握《しょうあく》したことになる。

吉田が評論家だった「日刊」は、当然ながら吉田との深いパイプがある。

正式発表翌日の９日付には早速、これも自社評論家の一枝修平が「ヘッドコーチ」になること、その要請があったことも報じている。

これで、日刊が「与党」と呼ばれるようになるのだ。

阪神ＯＢで、監督候補になるような有力評論家を持たないサンスポは「万年野党」だと言われていた。だから、Ｘをヘッドハントしたのだ。

「与党」になれずとも、オーナーとのパイプを持ち、政治家と政治部記者の「御庭番」のような役割をＸが担い、その意向を報じていく。

オーナー＝サンスポ。その関係性を、葵《あおい》の御紋《ごもん》のごとく振りかざしてきたのだ。

その図式が、もろくも崩れた。

ちなみに、吉田の前の藤田は、監督就任前はデイリースポーツの評論家だった。だから、藤田政権下ではデイリーが、その前の中村勝広の時はスポニチが「与党」と呼ばれた。

情報を取るパイプの太さが、モノをいうのだ。

その点でいえば、私と安藤さんの関係は、ある意味特殊でもあった。仮に安藤さんが監督になっていれば、打撃コーチの掛布とともに、評論家だった「報知」が与党になる。

しかし「野党」にいながらにして、監督との〝特殊なパイプ〟があることになる。

Xが、そしてサンスポの上層部が、それを〝フル活用〟しようと目論んだことは間違いない。私にも、その色気がなかったといえばウソになる。

しかし、使われただけだった。

計画通りいかなかった瞬間に、責任を押しつけられた。

組織というのは、こういうものなのかもしれない。

常に〝オーナーの意向〟を書いて、勝てるわけではない。こういう流れもある。

だから、負けたと分かっていても、すぐに軌道修正はしてはいけないのだ。

「与党」が正解を書いた直後に「急転」と打てば、自分の親分がブレたのではなく、球団の総意で、急きょ〝変わった〟という形に見える。

それが〝御庭番記者〟の大事な務めでもある。こうした因習を私も理解して、すっと飲み下していれば、恐らくことは丸く収まっていたのだ。

「プレスルームにおるだけでええ」という妥協案

私は、編集局長と編集局次長のトップ2人と話し合った。編集局次長も、阪神担当を長く続けてきた経験のある人だった。

だから、なのだろう。

「喜瀬よ、取材はせんでええ。それでええから、とにかく球団事務所に行って、プレスルームに座っといてくれ。そこに座っとくだけでええんや」

とんでもない。正直、耳を疑った。

しかし〝阪神村の理屈〟で考えれば、むしろ絶妙な妥協案でもある。

私を斬る。現場からいなくなる。そうすると、サンスポは「私」に監督問題の責任を取らせたと、世間に公表するようなものだ。

球団も、他紙も〝黒幕〟は分かっているのだ。

私と安藤さんとの関係も知れわたり、だからか、と分かった上で見ているのだ。

私が安藤さんに電話して、各紙の1面を分析したように、サンスポがこう書いているからオーナーサイドはこう考えていると、他紙の記者たちは読み解いているのだ。

「私」を斬るという度量の狭さは、社としては絶対に見せられないのだ。

それを〝貸し〟とするのが、会社員としての正しい生き方かもしれない。いや、むしろ今後の社内でのパワーバランスを考えれば、得策かもしれない。

しかし、やっぱり、どう考えても違う。

「そんなこと、できません。今後のこともあるので、しばらく休ませてください」

運動部長に、今後の希望を聞かれた。

「君の気持ちは、よく分かります。希望はありますか？」「阪神以外のプロ野球担当にしてください」「分かりました。希望は全面的に聞きます。だから……」

退社は思いとどまった。その〝アメ〟と引き換えに「冷却期間がいりますな」

本社主催の「大阪国際女子マラソン」の事務局出向を言いわたされた。

広報の仕事だ。マラソンのレース当日、報道の受付をしていた時、各社の記者に「なんでこんなこと、やってるの？」と何度も聞かれた。

その多忙な合間に、部長にさらっと告げられた。

「担当替えをやりました。君も、マラソンが終わったら帰って来ますから、伝えておきます。アマチュア野球担当をやってください」

Xは、変わらず君臨し、私はあっけなく、プロ野球担当から外された。

〝阪神村のいさかい〟から得たもの

その３年後の２０００年、私は博多へ転勤する。

「ここにいたら、お前はXにまた使われてしまう。だから、博多へ行ってこい。王さんがいるし、あの人のもとで勉強してきたら、将来絶対に役に立つから」

その時の運動部長は、元巨人担当で、東京から大阪へ移ってきた人だった。

アマ野球担当を経験したことで、多くのスカウトとも知り合うことができた。

ダイエーを担当できたことで、83歳になる２０２３年も球団会長として、チーム作りの先頭に立つ王貞治をはじめ、球団関係者とのつながりも続いている。

そうした人脈のお陰で、この本が書けた。「人間万事塞《さい》翁《おう》が馬」とは、こうした思いも寄らなかった恩恵や経験がもたらされる、ということを指すのだろう。

ただ、間違いなく言えることがある。

在阪スポーツ紙で生きていくためには、そして社内での発言権や権力をつかみたいと思うのであれば、阪神という「飯の種」を絶対に手放してはいけないのだ。

いつの時代も、正論だけを振りかざして勝てるほど、単純なものではない。

退任時に54歳だった矢野燿大の後任に、現役監督としては最年長となる65歳の岡田彰布を据える。その決定に至る動きの中で漏れ伝わってきた一つの〝根拠〟が、阪急阪神ホールディングスの会長、つまり親会社のトップである角《すみ》和《かず》夫《お》が、岡田と同じ早大出身であることを忖度《そんたく》した球団が、２軍監督だった平田勝男の昇格案を引っ込めた、というものだ。

同じ大学の先輩、後輩だから、監督になった。

これがまことしやかに伝わり、いつの間にか「そうだ」という断定型で広まっていくのもまた、阪神の〝常〟でもある。

プロ野球という「組織」に、人々は自分たちが所属する会社やコミュニティーを、いつしか投影しているのだろう。

なんや、また岡田はんが監督やるんかいな？

阪神でも、学閥で監督が決まるんかいな。

今の阪神だと、阪急への忖度が働いてしまうんやろな。

そんなん、ウチの会社や上司と同じやんか。

〝阪神村のいさかい〟には、どこか生々しい前時代的な人間模様が透けて見えてくる。

だから、阪神という存在は「自分事」として置き換えやすいのだろう。世代を超えた多くの人たちに、今もなお共感され続ける理由は、そんなところにあるのかもしれない。

そして〝あの時の体験〟を思い返し、そこから人生訓めいたものを抽出し、こうやって記すことができるようになった今の自分を見つめ直しながら、そのことを強く感じている。

HANSHIN

終章　アレ

――〝アレ誕生秘話〟と阪神という「ソフト」の力

TIGERS

岡田彰布

（おかだ・あきのぶ）

1957年11月25日生、大阪府出身。
北陽高〜早大を経て1979年1位指名で阪神入団。
1980年新人王、ベストナイン1回、ゴールデングラブ賞1回。
阪神在籍14年で1554試合出場、打率・277、245本塁打、822打点。
1994年オリックス移籍、1995年現役引退。
1998年に阪神へ復帰し、2004年から5年間監督を務め、
2005年のリーグ優勝を含め、Aクラス4度。
第1次政権では通算718試合、393勝307敗18分け。
2010年から3年間はオリックス監督を務めた。
2023年から2度目の阪神監督に就任。

インターネットの検索ワードに「２０１０年」と入れてみる。

アメリカの大統領はバラク・オバマで、日本は民主党政権だった。

大相撲では、横綱・朝青龍《あさしょうりゅう》が場所中に泥酔、知人の一般男性を暴行したことが明らかになり、横綱審議委員会から「引退勧告」を受けると、朝青龍は角界を去った。

冬季五輪がカナダ・バンクーバーで行われ、フィギュアスケートの女子シングルで、浅田《あさだ》真央《まお》が銀メダルに輝いている。

プロ野球界は、セ・リーグ優勝が中日。パ・リーグは3位の千葉ロッテがクライマックス・シリーズを勝ち抜き、日本シリーズでも中日を下して「下克上」の日本一を達成した。

どれもなんだか、ついこの前のことのように思える。

そう言い出したら、人間、年を取った証拠だとよくいわれるものだが、こうした「歴史の1ページ」を開いてみただけで、時の流れの早さを身に染みて感じるものだ。

その年、セ・パ交流戦で「優勝」したのが、岡田彰布が監督1年目のオリックスだった。

「アレ」はなぜ誕生したのか？

岡田が監督に就任する直前までの10年間で、最下位5度を含むBクラス9度。まるで勝ち方を忘れていたかのようなオリックスに、岡田は新たな風を吹き込んだ。

まず、平野佳寿をリリーフに回し、交流戦前には岸《きし》田《だ》護《まもる》もストッパーに転向させた。先発でもローテーションの軸になれる2人でブルペンを強化し、打線も当時22歳のT―岡田を「4番」に据えると、交流戦の始まる5月頃から、投打がうまくかみ合い出した。

借金「6」で突入した交流戦は、巻き返しのための絶好の機会だった。

「そら、貯金作らなアカンわ。交流戦でつまずくと悪なるし、その逆もあるからな」

当時の交流戦は24試合制だから、15勝9敗でいけば勝率5割に戻せる計算になる。その成績ならば、交流戦優勝の可能性だって膨らんでくる。

岡田の言葉を読み解けば、優勝して5割復帰、いや貯金生活へ、という勝敗ラインを想定しているとなる。

番記者たちは、だから「優勝」へと水を向けてみた。

ところが、そこにやすやすと乗ってくれない、こちらの期待するような見出しを立てさせてはくれない。心はお見通しとばかりに、釘まで刺してきた。

「言うたら、おかしなことになるんよ。いらんこと言うたらアカン」

つまり「優勝」という単語を封印する、というわけだ。

理由を説明するために岡田が持ち出したのは、阪神監督時代の２００８年、ソフトバンクと交流戦の優勝を争い、最終戦で逃したというエピソードだった。

「コーチがな、ミーティングでよ。『お前ら、こんなんやったら優勝でけへんぞ』って言いよったんよ。あれからアカンようになったんよ」

そのコーチの意図は、もちろん選手の気を引き締めるためのものだろう。

しかし岡田は、それを逆に〝心のスキ〟と見たのだ。

「優勝」へ向かう「船」の舵を取り、方向性を示すのが船長の岡田なら、コーチたちは安全航行のために、船の中の持ち場で、それぞれの役目をこなすことが大事なのだ。

なのに船内より、船外の方に意識が向いている。地に足がついていない。

「そやから俺、言うたんよ。『そんなしょうもないこと、絶対言うな』って。その気になったら、アカンということよ」

その日から、岡田オリックスでは「優勝」が〝ＮＧワード〟となった。

岡田も爆笑の「アレしてもうた」Ｔシャツ

オリックスは、交流戦で優勝戦線に浮上してきた。

6月2日の中日戦（ほっともっとフィールド神戸）では、8回裏の時点で0―7のビハインド。そこから終盤2イニングで同点に追いつき、最後は延長11回、T―岡田が3ランを放っての劇的なサヨナラ勝利を飾った。

「この勝ちは大きいよ。最後まで諦めへんかったら、こういうことは起こるんよ」

ミラクルモードに入った岡田オリックスに、周囲の期待も盛り上がってくる。

しかし、ここが関西のチームらしさだ。

激励に来たオーナーの宮内《みやうち》義彦《よしひこ》も「言いません。監督が言わないのに、私も言いません。『アレ』のことですよね？　言いませんよ」

京セラドーム大阪に、毎試合のように応援に訪れていた岡田の母・サカヨさんも「アレやろ？　言うたらアカンから、私も言わんようにしてるんよ」

報道陣と岡田の会話でも「アレ」が頻出し、決して「優勝」のワードを出さなかった。

その〝努力のかい〟もあったのか、交流戦の最終戦で見事に優勝を決めると、球団は「交流戦優勝Tシャツ」を作成した。

左胸には「アレしてもうた」という、どでかいロゴがプリントされていた。

「ホンマか？　作ったんや？」

岡田も、大笑いしていた。番記者だった私も、球団から〝アレTシャツ〟をいただいたが、それを着て外へ出る勇気（?）はなく、引っ越しの際に処分してしまった。

今となっては、取っとけばよかったかな……。

それはともかく、岡田は阪神復帰とともに「アレ」をフル活用している。

選手への〝アプローチ〟が変わった

オリックス監督時代の3年間を、私は番記者として見続けてきた。

岡田の野球観は鋭く、さらに独特の〝岡田語〟のロジックは、その二手先、三手先の結論が先に来るものでもある。プロセスの詳しい説明が省かれるケースがほとんどなのだ。

岡田は、それを「プロやん。察さなアカン」という。

しかし、当時のオリックスの選手たちには、悲しいかな、それを読み切る力がまだなかった。勝ち方を知らない弱いチームでは〝岡田の意図〟を瞬時に理解できないのだ。

２００４～２００８年の阪神・第１次岡田政権当時は、金本知憲、下柳剛、藤川球児、新《あら》井《い》貴浩《たかひろ》（広島／駒大／08年移籍）、桧山進次郎ら経験豊富で、実力も実績も兼ね備えた主力たちが、それこそ全盛期の時代だった。

岡田が「1」を言えば「10」分かってしまうような選手ばかりだ。

大きな指針を示せば、選手たちは目的地に向かって、それぞれのやり方で、きっちりと定められた時間にたどり着くことができたのだ。

その〝成熟した阪神〟と〝未熟なオリックス〟とのギャップは大きかった。

阪神時代のスタンスだった岡田に、次第についていけなくなったオリックスの選手たちとの溝が、年々深まってしまっていたことを、番記者の一人としてひしひしと感じていた。

阪神監督復帰が決まった直後の２０２２年秋季キャンプ。

岡田は足繁く選手のもとへ足を運び、直接アドバイスを送り、自らスイングをして見せたり、守ってみたりと、実際に動きまで見せ、実に懇切《こんせつ》丁寧な指導をしていた。

時代の流れ、選手の気質、育ってきた環境。そうした変化を踏まえたのだろう。岡田は間違いなく、かつての〝アプローチ〟を変えている。

そして、就任会見でも、新人選手の入団発表でも、岡田は「アレ」と言い続けている。笑いのオブラートで包みながら、進むべき方向を指し示しているのだ。

そうした岡田の一連の言動は、かつてのドラフト1位たちの心にも響いている。

彼らはそれこそ、異《い》口《く》同《どう》音《おん》に「阪神は強くなる」と力説するのだ。

「阪神は変わる」「強くなる」「優勝しますよ」

「岡田さんが監督になって、ちょっと阪神は変わるでしょうね。岡田さんって、僕、実はすごく好きで、めちゃくちゃ野球に関して気難しいところはあるんですけど、選手を見る目はピカ一です。ちょっと楽しみにしたいな、と思っているんです」

そう語る藤田太陽は、岡田が指揮を執った２００４年からの５年間で、わずか２勝しか挙げられず、うち３シーズンは未勝利だった。

西武へ移籍したのは、岡田が退任した翌年、２００９年途中のことだった。

岡田政権下で、決していい思いをしたわけではない。それこそ第５章で記したように、６人の先発投手に、勝ちパターンでの「ＪＦＫ」、負けているパターンでの「ＳＨＥ」と、リリーフでも強固な６人が揃っていて、藤田の入る余地はなかった。

それでも「僕は好きな監督の一人なんです」と藤田は言うのだ。

中込伸は、晩年の岡田彰布と一緒にプレーしたことのある一人だ。

「岡田さんって情はあるけど、勝負って言ったら、パチッと切り替えることができるでしょ？　だから、阪神は強くなると思うんだよ。矢野（燿大前監督）さんとか金本（知憲元監督）さんって、やっぱり情があるよね。一緒にやってた連中をまた使って、蘇らせてやろうとか、一生懸命やってる2軍の選手を持ち上げてやろうとか、そういうのがある。岡田さんはオリックスにも行って監督もやっているし、勝負に対してはすごいからね」

その〝情に流されない〟というシビアな部分を、中込はひしひしと感じるのだという。

藪恵壹は「岡田さんがやるから、２０２３年は優勝します」とまで断言する。

「だって、戦力はありますから。野手も軸になるのがいるし、今から佐藤輝明が脂、乗ってきますからね。２０２２年だって、開幕9連敗から6月、7月であれだけチームが上がって来たのは、大山（悠輔）のお陰でもありますからね」

２０２３年シーズンは、大山が7年目の28歳、佐藤輝は3年目の24歳。さらなる経験を積みながら、年齢的にもまだまだ力がついていく時期なのだ。

この2人を中心に据えたチーム作りを、岡田は着々と進めている。

そして藪は、大阪万博が開催される２０２５年にも注目している。

「阪神、20年周期なんですよ。１９８５年、２００５年、そして２０２５年です。２０２５年は、絶対にいい年ですよ。万博で関西が盛り上がります。だから、タイガースも盛り上げて、絶対に勝たないとアカン。右の森木《もりき》（大智《だいち》・高知／高知高／21年1位）と西純矢に、左の及川《およかわ》（雅貴《まさき》・千葉／横浜高／19年3位）、このあたりの若いピッチャーが中心になって、２０２５年に阪神優勝。もう先駆けて、本、書いたらどうですか？」

そんな提案までいただきました。

岡田が指揮を続けていれば3年目。年齢的にも集大成だろう。あるいは、岡田からバトンを受けた次期監督が〝新生・阪神〟を引っ張っているかもしれない。

そうしたビジョンを球団が描き、選手をその気にさせ、関西全体の機運も盛り上げる。

１９３５年創立の球団にとって「２０２５年」は90年の節目にもあたるのだ。

岡田が「アレ」と言い続けていくことは、そうしたムードも醸成されていく力がある。

阪神という「ソフト」は関西という「ハード」で稼働する

２０１０年、岡田がオリックスで監督をしていた当時、巨人の監督は原《はら》辰徳《たつのり》だった。

干支《えと》も一回りした２０２３年、いまだ監督の座についているのは岡田と原だけだ。

２人の〝共通点〟は多い。

早大の岡田、その1年後輩となる東海大の原は、日米大学野球の日本代表チームで、一緒にクリーンアップを打った間柄でもある。

そして、岡田は阪神、原は巨人へ。

伝統と人気を誇る注目度の高い球団で、2人はスター選手としてその看板を背負い続け、ともに選手としても、監督としても「優勝」を経験している。

この本でテーマとして挙げた「看板」「風土」「育成」「戦略」「誤解」「派閥」。

そうした一つ一つの要素が複雑に絡み合う老舗《しにせ》の球団で、岡田や原のように長く、その個性を発揮し続けることは、そうした機微に通じた者にしかできないのだろう。

一種、独特ともいえる味わいを帯びた阪神を「ソフト」として、大阪、さらには関西という環境を「ハード」として捉えれば、その相関関係が見えやすい。

ハードに適合しなければ、ソフトは全く作動しない。

関西だからこそ、阪神が生き続ける。大阪というハードに、巨人というソフトを組み込んだところで、きっと動かないだろう。

時代とともに、関西の街も、阪神の野球も進化を遂げていく。

その流れに応じた球団経営やチーム作りの戦略が絶対に必要であり、新たに醸し出されるであろう、その時代の特色に沿った選手の育成も必要になってくる。

それがうまく機能しなかった、阪神の〝負の歴史〟の一部を、この本で紹介してきた。

それを単に「失敗」という、情のないフレーズで断罪したくはなかった。

ソフトの〝不適合〟から生じたトラブルから学び、ソフトを修正し、アップデートしていけばいいのだ。そのための人材も、経験則も、長い歴史とともに積み上がっている。

阪神には、それだけの「伝統の力」があるはずだ。

だから、期待しよう。

そう言いながら、勝ったら慌てる、そわそわする。負けたらボヤく。ついヤジる。

それが「阪神タイガース」の、深い味わい方なのだ。

何しろ「アレ」と言えば、それが「阪神優勝」のことだと分かるのは、関西だけだ。

その中心に、いつも「虎」がいる。

阪神は、関西に組み込まれた〝永遠のソフト〟なのだ。

【参考文献】

『阪神タイガースの正体』井上章一著（朝日文庫）

『大阪的』井上章一著（幻冬舎新書）

『頑固力』岡田彰布著（角川ＳＳＣ新書）

『オリの中の虎』岡田彰布著（ベースボール・マガジン社新書）

『動くが負け』岡田彰布著（幻冬舎新書）

『４番打者論』掛布雅之著（宝島社新書）

『サラリーマン球団社長』清武英利著（文藝春秋）

『巨魁』清武英利著（ワック）

『スッポンの河さん　伝説のスカウト河西俊雄』澤宮優著（集英社文庫）

『県民性』祖父江孝男著（中公新書）

『キャプテンシー』鳥谷敬著（角川新書）

『阪神タイガース１９８５-２００３』中川右介著（ちくま新書）

『ダメ虎を変えた！』野崎勝義著（朝日新聞出版）

『あぁ、阪神タイガース――負ける理由、勝つ理由』野村克也著（角川ｏｎｅテーマ21）

参考文献

『阪神タイガース　昭和のあゆみ』（阪神タイガース）

『ゆるい職場』古屋星斗著（中公新書ラクレ）

『マネー・ボール』マイケル・ルイス著（ランダムハウス講談社）

『風土』和辻哲郎著（岩波文庫）

『ベースボールマガジン２０２０年8月号　Ｖｏｌ・44　Ｎｏ・４』（ベースボール・マガジン社）

『ベースボールマガジン２０２１年10月号　Ｖｏｌ・45　Ｎｏ・６』（ベースボール・マガジン社）

『ベースボールマガジン２０２２年7月別冊薫風号　Ｖｏｌ・７　Ｎｏ・４』（ベースボール・マガジン社）

『ベースボールマガジン２０２３年2月号　Ｖｏｌ・47　Ｎｏ・１』（ベースボール・マガジン社）

『阪神タイガース70年史』（ベースボール・マガジン社）

『阪神タイガース80年史ＰＡＲＴ・１、２、３』（ベースボール・マガジン社）

『プロ野球ドラフト全史２０１２最新版』（ベースボール・マガジン社）

『プロ野球日本ドラフト全史』（三栄書房）

『ドラフト解剖２０２１』（エス・アイ・ジェイ）

日刊スポーツ、スポーツニッポン、サンケイスポーツ、デイリースポーツ、スポーツ報知

戦後の阪神タイガース歴代監督と順位

年度	監督	順位	試合	勝利	敗北	引分	勝率
1946	藤村富美男	3	105	59	46	0	.562
1947	若林忠志	1	119	79	37	3	.681
1948	若林忠志	3	140	70	66	4	.515
1949	若林忠志	6	137	65	69	3	.485
1950	松木謙治郎	4	140	70	67	3	.511
1951	松木謙治郎	3	116	61	52	3	.540
1952	松木謙治郎	2	120	79	40	1	.664
1953	松木謙治郎	2	130	74	56	0	.569
1954	松木謙治郎	3	130	71	57	2	.555
1955	岸一郎、藤村富美男	3	130	71	57	2	.555
1956	藤村富美男	2	130	79	50	1	.612
1957	藤村富美男	2	130	73	54	3	.573
1958	田中義雄	2	130	72	58	0	.554
1959	田中義雄	2	130	62	59	9	.512
1960	金田正泰	3	130	64	62	4	.508
1961	金田正泰、藤本定義	4	130	60	67	3	.473
1962	藤本定義	1	133	75	55	3	.577
1963	藤本定義	3	140	69	70	1	.496
1964	藤本定義	1	140	80	56	4	.588
1965	藤本定義	3	140	71	66	3	.518
1966	杉下茂、藤本定義	3	135	64	66	5	.492
1967	藤本定義	3	136	70	60	6	.538
1968	藤本定義	2	133	72	58	3	.554
1969	後藤次男	2	130	68	59	3	.535
1970	村山実	2	130	77	49	4	.611
1971	村山実	5	130	57	64	9	.471
1972	村山実	2	130	71	56	3	.559
1973	金田正泰	2	130	64	59	7	.520
1974	金田正泰	4	130	57	64	9	.471
1975	吉田義男	3	130	68	55	7	.553
1976	吉田義男	2	130	72	45	13	.615
1977	吉田義男	4	130	55	63	12	.466
1978	後藤次男	6	130	41	80	9	.339
1979	D・ブレイザー	4	130	61	60	9	.504
1980	D・ブレイザー、中西太	5	130	54	66	10	.450
1981	中西太	3	130	67	58	5	.536
1982	安藤統男	3	130	65	57	8	.533

戦後の阪神タイガース歴代監督と順位

年度	監督	順位	試合	勝利	敗北	引分	勝率
1983	安藤統男	4	130	62	63	5	.496
1984	安藤統男	4	130	53	69	8	.434
1985	吉田義男	1 ※日本一	130	74	49	7	.602
1986	吉田義男	3	130	60	60	10	.500
1987	吉田義男	6	130	41	83	6	.331
1988	村山実	6	130	51	77	2	.398
1989	村山実	5	130	54	75	1	.419
1990	中村勝広	6	130	52	78	0	.400
1991	中村勝広	6	130	48	82	0	.369
1992	中村勝広	2	132	67	63	2	.515
1993	中村勝広	4	132	63	67	2	.485
1994	中村勝広	4	130	62	68	0	.477
1995	中村勝広	6	130	46	84	0	.354
1996	藤田平	6	130	54	76	0	.415
1997	吉田義男	5	136	62	73	1	.459
1998	吉田義男	6	135	52	83	0	.385
1999	野村克也	6	135	55	80	0	.407
2000	野村克也	6	136	57	78	1	.422
2001	野村克也	6	140	57	80	3	.416
2002	星野仙一	4	140	66	70	4	.485
2003	星野仙一	1	140	87	51	2	.630
2004	岡田彰布	4	138	66	70	2	.485
2005	岡田彰布	1	146	87	54	5	.617
2006	岡田彰布	2	146	84	58	4	.592
2007	岡田彰布	3	144	74	66	4	.529
2008	岡田彰布	2	144	82	59	3	.582
2009	真弓明信	4	144	67	73	4	.479
2010	真弓明信	2	144	78	63	3	.553
2011	真弓明信	4	144	68	70	6	.493
2012	和田豊	5	144	55	75	14	.423
2013	和田豊	2	144	73	67	4	.521
2014	和田豊	2	144	75	68	1	.524
2015	和田豊	3	143	70	71	2	.496
2016	金本知憲	4	143	64	76	3	.457
2017	金本知憲	2	143	78	61	4	.561
2018	金本知憲	6	143	62	79	2	.440
2019	矢野燿大	3	143	69	68	6	.504
2020	矢野燿大	2	120	60	53	7	.531
2021	矢野燿大	2	143	77	56	10	.579
2022	矢野燿大	3	143	68	71	4	.489

喜瀬雅則（きせまさのり）
1967年神戸市生まれ。スポーツライター。関西学院大学経済学部卒。'90年に産経新聞社入社。'94年からサンケイスポーツ大阪本社で野球担当として阪神、オリックス、近鉄、ダイエー、中日、アマ野球の番記者を歴任。2008年から8年間、産経新聞大阪本社運動部でプロ・アマ野球を担当。産経新聞夕刊連載「独立リーグの現状 その明暗を探る」で'11年度ミズノスポーツライター賞優秀賞を受賞。'17年7月末に産経新聞社を退社。以後は業務委託契約を結ぶ西日本新聞社を中心にプロ野球界の取材を続けている。著書に『牛を飼う球団』（小学館）、『不登校からメジャーへ』『ホークス3軍はなぜ成功したのか？』『オリックスはなぜ優勝できたのか』（いずれも光文社新書）、『稼ぐ！プロ野球』（PHPビジネス新書）がある。

阪神《はんしん》タイガースはなんで優勝《ゆうしょう》でけへんのや？

2023年4月30日初版1刷発行

著　者 ―― 喜瀬雅則
発行者 ―― 三宅貴久
装　幀 ―― アラン・チャン
印刷所 ―― 堀内印刷
製本所 ―― ナショナル製本
発行所 ―― 株式会社光文社
東京都文京区音羽1-16-6（〒112-8011）
https://www.kobunsha.com/
電　話 ―― 編集部03(5395)8289　書籍販売部03(5395)8116
業務部03(5395)8125
メール ―― sinsyo@kobunsha.com

 ISBN 978-4-334-04661-3

1220

日本の高山植物

どうやって生きているの？

工藤岳

乾燥、強風、のちに豪雪――。過酷な環境に咲く可憐な高山植物には、したたかな生存戦略があった。この道三十年の植物学者が語り尽くす〝高嶺の花〟の秘密と魅力。

978-4-334-04627-9

1221

痛みが消えていく身体の使い「型」

伊藤和磨

日常動作の「型」を知り、実践し続けることで、慢性痛や不調が消えていく――「伝統＋科学」で正しい姿勢とフォームを身につける。すべての「型」やエクササイズを動画で解説。

978-4-334-04628-6

1222

「友だち」から自由になる

石田光規

「友だち」とはメッセージ性が強すぎる概念だ！ 古代ギリシアの時代から「友だち」がいかに変質してきたかを示しつつ、それでもなお成立する友情について探る。現代人のための新しい友人論。

978-4-334-04629-3

1223

アメリカの教会

「キリスト教国家」の歴史と本質

橋爪大三郎

福音派って何？ 宗教右派って何？？ 数多《あまた》ある宗派、分裂、統合、栄枯盛衰……現代アメリカの「なぜ？」を理解するために、植民地時代から現在に至るまでを丁寧に辿り解きほぐす決定版。

978-4-334-04631-6

1224

死は存在しない

最先端量子科学が示す新たな仮説

田坂広志

死後、我々はどうなるのか。「肉親」と再会できるのか。なぜ、「最先端の科学の知見」と「最古の宗教の直観」が一致するのか。この本を読み終えたとき、あなたの人生が変わる。

978-4-334-04630-9

1230
「美食地質学」入門
和食と日本列島の素敵な関係
巽好幸

蕎麦を育む火山、出汁を支える山脈、日本酒と地球の大変動――。多彩な和食が生まれた理由は日本列島にある!? 地下深くで密接に結びつく二つの意外な関係をマグマ学者が丁寧に紐解く。

978-4-334-04637-8

1231
時を超える美術
「グローカル・アート」の旅
新見隆

ローカル（地域、身近なもの）を大事にしながらグローバル（世界のありかた）につながる――。そんな「グローカル」な精神を宿した美術作品や芸術家に触れた「芸術風土記」エッセイ。

978-4-334-04638-5

1232
Ｗｅｂ３とは何か
ＮＦＴ、ブロックチェーン、メタバース
岡嶋裕史

「巨大ＩＴ企業の支配から個人が解放されたインフラ」で、「要素技術としてブロックチェーン、なかでもＮＦＴあたりを重視する」というＷｅｂ３の全体像を、批判的な見方を含め解説。

978-4-334-04639-2

1233
古典と日本人
「古典的公共圏」の栄光と没落
前田雅之

高等教育の古文・漢文不要論が唱えられる今、私たちに古典は本当に必要なのか。日本において古典が成立した歴史を辿りながら、そもそも「古典」とは何かということを考える。

978-4-334-04640-8

1234
小学校受験
現代日本の「教育する家族」
望月由起

拡大・過熱・多様化――誰が、なぜ、どのように受験しているのか。入学後の環境は？ 教育学者が小学校受験の実際や問題点、評価すべき点などを、経験者の声も交え具体的・リアルに報告。

978-4-334-04641-5

1235

アニメ療法《セラピー》
心をケアするエンターテインメント

パントー・フランチェスコ

日本のポップカルチャーの力で、心を治癒することはできるか。イタリア出身のオタク精神科医が精神医学や心理学の知見を物語療法と接続し、新しい「アニメ療法《セラピー》」を構想する。

978-4-334-04642-2

1236

安い・美味しい・簡単　実践　健康食

岩田健太郎

「近所のスーパーの特売品で自炊」に健康が詰まってる…感染症医でファイナンシャル・プランナーの資格も持つ著者と考える、お金をかけず、持続可能でより豊かに生きるための食事術。

978-4-334-04643-9

1237

社会を変えるスタートアップ
「就労困難者ゼロ社会」の実現

小野貴也

全国１５００万人の「就労困難者」に適切な仕事を提供し、労働力減少を補う。社会課題を解決するスタートアップが見据える日本経済の未来像と、その先にあるインクルーシブ社会とは。

978-4-334-04644-6

1238

教育大国シンガポール
日本は何を学べるか

中野円佳

激しい教育競争、点数化する習い事——煽られ、葛藤する母親達、疲弊する子ども達。教育社会学研究者・ジャーナリストが現地の教育システムの実態を、インタビュー調査を交え報告。

978-4-334-04645-3

1239

エンタメ小説家の失敗学
「売れなければ終わり」の修羅の道

平山瑞穂

華々しいデビュー、10万部超えのヒット、そして映画化——。人気作家も目前だった小説家が犯した痛恨の「失敗」とは？出版界の裏事情と赤裸々な告白に満ちた自虐的反省の書。

978-4-334-04646-0

1240
「おふくろの味」幻想
誰が郷愁の味をつくったのか
湯澤規子

一体「おふくろの味」とは何を指しているのか。なぜそれは時に女性たちをいらだたせるのか。社会と時代を丹念に読み解き、「おふくろの味」が誕生した経緯とその正体を探る。

978-4-334-04647-7

1241
数字のセンスを磨く
データの読み方・活かし方
筒井淳也

私たちは数字に取り囲まれて日々を送っている。だが、数字をきちんと理解し、数字ときちんと向き合えているだろうか。計量社会学・家族社会学を専門とする著者が「数字との付き合い方」を示す。

978-4-334-04648-4

1242
追跡 税金のゆくえ
ブラックボックスを暴く
高橋祐貴

一般社団法人による〝中抜き〟、見えない五輪予算、孫の小遣いとなる中山間地域の助成金――。私たちの税金は何に使われているのか。気鋭の新聞記者がその杜撰な実態に粘り強く迫る！

978-4-334-04649-1

1243
友情を哲学する
七人の哲学者たちの友情観
戸谷洋志

友情とは何なのか。いま、その多様性を知ることが、人生をいくらか豊かなものにしてくれるのではないか。漫画が描く「友情」のあり方を参照しながら、哲学者七人の友情観を探る。

978-4-334-04650-7

1244
改訂版 東大合格高校盛衰史
1949年〜最新ランキング徹底解剖
小林哲夫

日本一の頭脳たちはどこから集うのか？ 名門進学校の凋落と躍進を辿ることで、日本社会の構造が浮き彫りになる。戦後から今に至るまでの合格者数ランキングで、東大受験の実情を一挙総覧！

978-4-334-04651-4

1245
リスキリングは経営課題
日本企業の「学びとキャリア」考

小林祐児

急速に取り組みが進む、知識やスキルの学び直し「リスキリング」を阻む、日本企業特有の構造とは何か。大人が世界一学ばない国・日本における学び方、働き方の新たな仕組みを考える。

978-4-334-04652-1

1246
宇宙ベンチャーの時代
経営の視点で読む宇宙開発

小松伸多佳　後藤大亮

宇宙開発は民間企業がイニシアティブをとる「ビジネス」として生まれ変わりつつある。ベンチャー・キャピタリストとJAXAのエンジニアが企業経営とサイエンスの観点から展望する。

978-4-334-04653-8

1247
東大生、教育格差を学ぶ

松岡亮二　髙橋史子
中村高康　編著

地域・性別・社会階層など本人が変えることのできない「生まれ」によって学力や学歴などに差がうまれる「教育格差」を、東大生38人はどう捉えるか。白熱ゼミの模様を新書化。

978-4-334-04654-5

1248
90歳までに使い切る
お金の賢い減らし方

大江英樹

「貯める・増やす」の呪縛、「老後不安」という物語に振り回されず、価値ある使い方をすることで人生を豊かに生きる方法とは。お金の本質を掘り下げ、日本人のお金観に一石を投じる。

978-4-334-04655-2

1249
大人のマナー術

辛酸なめ子

コロナ禍の限られた人付き合いで、辛酸さんのマナー感覚は危機的状況に。一念発起、よりよい人間関係のヒントを学びます。今こそ読みたい、避けられないコミュニケーションへの処方箋！

978-4-334-04656-9

光文社新書

1250
会社のなかの「仕事」社会のなかの「仕事」
資本主義経済下の職業の考え方
阿部真大
際限のない「超」長時間労働、蔓延するやりがい搾取、働き手を蝕む過剰サービス。日本人の働き方は、どうすれば変えられるのか？　疲弊した日本経済に「職業の社会学」が新たな地平を拓く。
978-4-334-04657-6

1251
山本五十六、最期の15日間
歴史に埋もれた「幻の3番機」
池田遼太
〈語り〉青木藏男
「私は1943年4月18日、米軍に撃墜された長官機の後ろを飛んでいました」。99歳の元搭乗員が明かす、山本五十六の戦死の真相。日本海軍の頂点と地べたが交わる戦場ノンフィクション。
978-4-334-04658-3

1252
再考 **ファスト風土化する日本**
変貌する地方と郊外の未来
三浦展
全国各地のロードサイドに同じような商業施設が建ち並ぶ「ファスト風土化」によって、郊外とそこに暮らす人々の意識はどう変わったか。小説家、建築家、研究者ら13名の論考を収録。
978-4-334-04659-0

1253
コミュ力は「副詞」で決まる
石黒圭
「めっちゃ」「やっぱり」「じつは」「なるほど」「せっかく」「あいにく」「おかげさまで」…etc. 気持ちを効果的に伝える最強の助っ人「副詞」、その分類と機能を知り、使い方の勘所を学ぶ。
978-4-334-04660-6

1254
阪神タイガースはなんで優勝でけへんのや？
喜瀬雅則
歴史　看板　風土　戦略　育成　苦悩　誤解　派閥　そして「アレ」――9つの枠組で分析する優勝が遠のく理由。阪神ファンの元番記者だから書けた「新・阪神タイガース論」。
978-4-334-04661-3